# ものの見方・考え方、
# そして変え方

槙野 理啓 著

2

## まえがき

　この本は、科学的社会主義の世界観としての哲学を、基礎から学んでいただくためのテキストとして書いたものです。

　でも、タイトルには「哲学」の文字はありません。それは、日本では、「哲学」という言葉が誤解されていることが多いからです。「哲学」というと、「堅苦しい」とか、「難しい」とかいったイメージをもったり、「特殊な人が考えることであって自分には関係がない」と思ったりすることが多いのではないでしょうか。

　「哲学」というのは、どんな学問か、何についての学問か、ということをひとことで言いあらわすのは簡単ではありません。他の学問、たとえば、経済学なら経済現象についての学問であり、歴史学なら歴史現象についての学問であり、物理学なら物理現象についての学問であることは、それなりに明らかです。すくなくとも、わかったような気にはなります。しかし、「哲の学問」といわれても、それだけでは何のことかわかりません。

　「哲学」という言葉は、古代ギリシア語の「フィロソフィア」からきていて、「フィロス（愛）」と「ソフィア（知）」を合わせたもので、「知を愛する」という意味でした。この「フィロソフィア」が、幕末期から明治初年にかけて日本に入ってきたとき、「さといこと（哲）をこいねがう（希）」ということで、「希哲学」という訳語がつくられ、それがすぐに略されて

3

「哲学」となったのです。つまり、「哲学」の「哲」は、学問の対象をさすのではなく、「知を愛することが大事である」という古代ギリシアの哲学者たちの精神を表わしています。ですから、「哲学」とは、「万物の根源は何か」「よく生きるとはどういうことか」など、自然・社会・人間について考えていこうとするときの、根本的な原理を明らかにしようとする知的探求を意味するのです。「ものの見方・考え方にかんする学問」と言ってもいいかもしれません。

高橋庄治さんという哲学者が、１９６０年に出された『ものの見方考え方』という本の「まえがき」で、哲学とはどういうものかについて説明されています。「哲学とは、世界観のことである。世界観であると同時に、また、方法論である……。それは、ものごとを、どのように、観察し、考察し、変革してゆくか、ということである。いいかえれば、哲学とは、『ものの見方、考え方、そして変え方』のことである……」と。

どうやら、哲学を「ものの見方、考え方、そして変え方」と最初に表現したのは、高橋庄司さんのようです。それは、マルクスの指摘、「哲学者たちは、世界をさまざまに解釈しただけである。肝心なことは世界を変革することである」（「フォイエルバッハにかんするテーゼ」）にも重なるように思います。

科学的社会主義の世界観は、まさに「ものの見方、考え方、そして変え方」を問うものです。それで、この本のタイトルは、そのまま、『ものの見方・考え方、そして変え方』とさせてもらいました。

4

この本では、「哲学」と言うときもあれば、たんに「ものの見方」と言ったり、あるいは「ものの見方・考え方」、さらに「ものの見方・考え方、そして変え方」と言ったりすることもありますが、それらに何か意図的なちがいがあって使い分けているわけではありません。それぞれの文脈のなかで、「読みやすいだろう」と思う表現を使っているだけですから、適当に読み替えてもらってもかまいません。

## ＝ もくじ ＝

まえがき　　　　　　　　　　　　　　　　　　　3

### 第1章　なぜ哲学を学ぶのか　　　　　10

1　私たちをとりまく現実

2　人間とは何か

3　なぜ哲学を学ぶのか

4　哲学とはどんな学問か

### 第2章　ものの見方のわかれ道　　　　26

1　哲学の根本問題

2　唯物論の始まり、観念論の始まり

3　哲学の発展

4　なぜ「哲学の根本問題」なのか

### 第3章　唯物論とはどういうことか　　44

1　物質とは何か

2　意識とは何か

3　観念論の落とし穴

4　常識をどうみるか

## 第4章　弁証法的なものの見方　　60

　　1　世界のあり方をどうとらえるか

　　2　人間の認識の発展

　　3　連関と発展の科学 ── 弁証法


## 第5章　世界の生きた姿をとらえる　　76

　　1　なぜものごとを固定的に見てしまうのか

　　2　ものごとをより深く、より豊かにつかむために

　　3　ものごとには発展の法則がある


## 第6章　真理と価値　　94

　　1　真理とは何か

　　2　真理は知りうるか

　　3　不可知論をどうみるか

　　4　価値について


## 第7章　科学的なものの見方　　110

　　1　科学と人間性

　　2　科学とは何か

　　3　宗教について

　　4　なぜ科学的でなければならないか

## 第8章　人間らしく生きる　　　128

　　1　自由に生きる

　　2　自分らしく生きる

　　3　競争について考える


## 第9章　社会と歴史を科学する　　　144

　　1　社会科学の成立

　　2　社会とは何か

　　3　社会の土台と上部構造

　　4　社会発展の原動力

　【補論】　社会発展のあゆみ　　　160


## 第10章　歴史の発展と私たちの生き方　　　168

　　1　資本主義社会はどんな社会か

　　2　資本主義の根本的な矛盾

　　3　新しい社会への発展

　　4　歴史に果たす私たちの役割


あとがき　　　186

# 第 1 章

# なぜ哲学を学ぶのか

## 1　私たちをとりまく現実

### 現実をどうとらえるか

　私たちは、いろいろなことを考えながら生きています。何を着ようか、何を食べようか、あれをしようか、これをしようか、いろいろと迷いながら生活しています。うれしいこともあれば悲しいこともある、楽しいこともあれば苦しいこともある。あれは何だ？　これは何だ？　あれはウソだろう、これはほんとうだろう……。いろいろな感情をもち疑問をもち、さまざまな推理や判断もしています。そしてだれもが、「人間らしく生活したい」とか、「やりがいのある仕事がしたい」「充実した人生を送りたい」といった願いをもって生きています。

　ところが現実は、大企業さえよければそれでいい。学校を出たけれど仕事はない。仕事はあっても非正規雇用。正規は正規で残業・残業。有休なんてとんでもない。身体も心もクッタクタ……。そのうえ、労働法制の改悪、社会保障の解体、庶民大増税、戦争への不安……。素朴な願いをふみにじってしまう現実がなんと多いことでしょうか。

10

第1章　なぜ哲学を学ぶのか

　もちろん、悪いことばかりではありません。なんとか生活はできているし、家族や友人との楽しい時間もないわけではない。多くの人が教育を受ける機会を保障され、住むところも仕事も自分で選ぶことができます。困難な状況のもとであっても、働くものの要求の前進と団結の強化のための努力がつみかさねられています。そして、市民の声が政治を動かすことも珍しくありません。

　とはいえ、「職場はそれどころじゃない」「自分のことで精一杯、他人のことまでかまってられない」「人間なんてしょせんバラバラ」「文句を言っても始まらない」といった"あきらめ"の気分にもなりがちです。また、現実の不合理が見えれば見えるほど、「どうしてみんな立ち上がらないのか、落ちるところまで落ちたらいい」といった"腹立たしさ"さえ覚えるかもしれません。


## 「ものの見方・考え方、そして変え方」が問われる

　私たちは、生まれてから成長する過程で、まわりの人たちや社会からさまざまな影響を受けながら育ってきました。だれでも、学校教育の影響を受けないわけにはいかないし、テレビや新聞、雑誌、インターネットなどがもたらす膨大な情報にひたって生活しています。その学校教育は、管理主義と競争主義によって大きくゆがめられ、支配層に都合のいい「ものの見方」がおしつけられています。また、テレビや新聞などのマスコミは、高度に発達し巨大化しているうえに、大企業に依存し、権

11

力に癒着し、タブーにまみれ、情報操作さえおこなっています。

　こうした状況のもとで、多くの人びとは、まずは現実をそのまま受け入れ、社会の大勢に合わせ、「自分の努力でなんとかしよう」としているのではないでしょうか。そして、そうやって現実を受け入れながらも、同時にまた、現実の不合理に目を向け、疑問と不安を感じながら、「真実を見抜く力を身につけたい」と思うようになっているのではないでしょうか。

　いま、自分の生活と社会を見つめ直し、「ほんとうの豊かさとは何か」「ほんとうの人間らしさとは何か」を問い直し、だれもが人間らしく生きることのできる社会をめざして現実の変革に立ち向かうことが求められています。そのために必要な**「ものの見方・考え方、そして変え方」**が問われているのです。


## 2　人間とは何か

### 人間のような生き物は他にはいない

　人間らしく生きる ── それは現代人にとって、もっとも大きな課題と言えるでしょう。

　そもそも人間とは何でしょうか。人間は生きています。イヌやネコやサルなどと同じ哺乳類です。そうした生き物としての人間は、「ヒト」と表現されます。ヒトはサルの仲間から進化しました。サルの仲間は樹上生活に適応した動物です。地上と

第1章　なぜ哲学を学ぶのか

ちがって樹上では、枝をにぎって身体をささえ、あらゆる方向に動かなければなりません。そのために、体軸が立ちあがっていて、手と足の区別がつき、手足の親指が他の指と向い合せになっていて、指先の爪もひらたく、ものを握ることができます。肩関節の可動範囲が広く、あらゆる方向に手が伸ばせます。また、目が顔の前面についていて、両眼視することによって立体感や距離感をつかめるようにもなっています。現在の人間にみられる身体的特徴の多くが、サルの仲間として身についたものなのです。

しかし人間は、たくさんいる生き物のひとつというだけではありません。言葉をもち、いろいろなことを考えながら生きています。家をつくり、服を身にまとい、調理して食事をし、それぞれにいろいろな仕事をしながら暮らしています。そんな生き物は他にはいません。

そうした人間の人間らしさは、どこから来たのか。人間は、いつから、どのようにして人間になったのか。つぎに、この問題を考えてみましょう。

## 労働が人間をつくった

数百万年前、私たちの祖先は、サルとの共通の祖先から分かれ、ヒトへと進化していきました。木から降りて、森林から草原へと進出し、直立二足歩行をするようになります。身体をささえることから解放された手で石をにぎり、棒をふりあげ、身をまもり、獲物を手に入れました。やがて道具をつくり、その

13

道具を使って、みんなで力を合わせて自然に働きかけ、自然を自分に役立つものへとつくりかえるようになりました。**労働**の始まりです。

　道具を使った労働は、それが刺激となって脳を発達させます。脳が発達すると道具づくりも上達します。道具が発達すると脳が発達し、脳が発達すると道具が発達する。これが何百万年ものあいだつみかさねられました。また、集団で行動する人間は、意志疎通のために合図を必要としましたが、発達した脳が**言葉**を生み出し、その言葉が人間に「**考える力**」を与えました。

　外界の情報をえるための感覚は、人間に特有のものではありません。どの動物でも、目や耳や鼻などの感覚機能をもち、それなりに感覚したり、記憶したり、判断したりする能力をもっています。しかし、「考える力」をもつのは人間だけです。感覚から考える力まで、人間の心的機能をすべてまとめて「**意識**」といいます。人間の意識は、他の動物のように、たんに外界からの刺激にたいする直接的な反射の組み合わせにとどまらず、感覚したものについて「考えをめぐらす」という豊かさをそなえています。こうして「考えをめぐらす」ためには、言葉をあやつることができなければなりません。ですから、考える力をもつのは人間だけなのです。

　可愛がっているイヌやネコ、あるいは野生の動物であっても、喜んだり、おびえたり、怒ったり、首をかしげたり、まるで私たちと同じように、考えているように見えることはあるでしょう。しかしそれは、動物の行動を私たちの経験にあてはめたり、

第1章　なぜ哲学を学ぶのか

自分の気持ちを動物の仕草に映したりしているのであって、言葉をもたない動物たちが「考えをめぐらす」ことはありません。

　他の動物たちと明らかに区別される人間の特徴、それは「考える力」です。人間が言葉を使って「考える力」は、数百万年におよぶ共同労働のつみかさねのなかで、人間にもたらされました。まさに、労働が人間をつくったのです。

## 人間らしく生きる

　共同労働が人間を人間にしたということは、人間はみんなのなかにあってこそ人間になる、ということにほかなりません。人間と人間の関係があってこそ人間だ、人間は**社会的な存在**だ、ということになります。ですから、「考える力」とともに、「共同」ということも、「人間らしさ」の源と言えるでしょう。

　また、人が産まれて、どのような人間関係のなかに生きるかは、あらかじめ決まっているわけではありません。人間が「社会的な存在」だということは、どのような人間になるかは人間関係のなかで決まっていく、ということであり、人間には無限の可能性がある、人間は**発達する存在**だ、ということでもあります。ですから、「発達」「成長」「自由」「個性」といった言葉も、ぜんぶ人間にふさわしい言葉なのです。

　ところが、そうは感じられない現実がある、それはなぜか。個人的な努力や能力のちがいによるのではなく、それは、社会のしくみからくることです。

　現代社会は資本主義社会です。資本主義は、１６世紀ごろ、

15

イギリスで始まりました。それ以前の封建制社会では、農民や手工業者などの働く人びとが、身分制にしばられ、賦役や年貢などの重い負担を課せられてはいましたが、土地や道具などの生産手段とむすびついて生活していました。ところが、※資本主義は働く人びとを生産手段からきりはなしました。生産手段をもたない人びとは、雇われて働かなければ生きていけません。それが労働者です。

> ※**資本主義**　封建社会の末期に資本主義的経済制度が始まっていくが、そのため、「囲い込み」にみられるように、封建領主によって生産者（農民や手工業者）から生産手段（土地や道具）が暴力的・強制的に奪い取られた。数かぎりない略奪と残虐行為をともなったこの過程を「資本の本源的蓄積」とよんでいる。

　一方、生産手段をもつ資本家は、賃金を支払って労働者を雇い、働かせ、生産をおこなっています。こうした資本主義のしくみのもとでは、労働の成果は働いた人のものでなくなり、すべてが資本家のものとなります。その結果、生産物が人間と対立するようになり、富が貧困を生み出し、労働が苦しみに変わります。資本主義以前の「共同」はしだいに失われ、あらゆる場面に「競争」がもちこまれます。そして、「どうしたらまともに生活できるのか」「もっと働きがいのある仕事がしたい」「生きがいのある人生を送りたい」といった、生き方をめぐる問題が人間を悩ませるようになりました。

16

第1章　なぜ哲学を学ぶのか

　このような人間の悩みは、けっして否定的な側面だけをもっているわけではありません。資本主義が私たちに大きな困難をもたらしていることはまちがいありませんが、同時に、古い封建制をうちやぶり、人格的に自立し豊かな個性と能力をもった自由な人間をつくりだしたのも、また資本主義なのです。土地や身分制に隷属しないからこそ、「自分」とか「自由」とかいったことが意識されるようになりました。「大きくなったら何になる？」というのは、現代の子どもたちにとってはあたりまえの問いですが、それは、資本主義だからこそ問われることでもあるのです。

　こうして、「自分をどう確立するか」「自由をどう実現するか」という問題が、人びとを悩ませるようになってきました。そしていま、「人間らしく生きる」ことをみんなで徹底的に追求することが、いよいよ私たちの課題となっているのです。


## 3　なぜ哲学を学ぶのか

### いきあたりばったりではすまない

　「哲学」とは、「ものの見方・考え方」を理論的に探究する学問です。人はだれでも、まわりのものを見たり聞いたりしながら、いろいろなことを考えて生きています。「ものの見方・考え方」なんて特別に学ばなくても、何かを考えるし、判断も

17

します。むしろ、思想・信条の自由は尊重されなければなりません。なのに、わざわざ「ものの見方・考え方」を基礎から学ぶ必要がどこにあるのでしょうか。

　自然と社会と人間の精神活動についての、つまり、自分にかかわるあらゆるものごとについての、全体的な「ものの見方・考え方」を「**世界観**」といいます。人はだれでも、一定の年齢になると、なんらかの世界観をもつようになります。自覚はしていなくても、それまでの生活で自然に身についた世界観をもつようになり、さらに経験をつんだり、学んだりしながら、自分なりの世界観がつくりあげられていきます。「生活の知恵」や「常識」というものも世界観にちがいありませんし、宗教はもちろん世界観です。

　「世界観なんて難しいことを言わなくても常識で十分だ」という考え方も、もちろんあるでしょう。**常識**とは、日常生活の経験のなかから形成されてきた、人びとが共通にもっている知識や見解のことです。その時代、その地域で生活するうえでは、常識はそれなりに大切ですし、狭い日常生活の範囲では、常識はたしかに役に立ちます。

　しかし、常識には限界があります。常識は、その時代、その地域に限られた常識であって、断片的な「ものの見方・考え方」を適当に使い分けているにすぎないからです。何を食べるか、何を着るか、どこへ遊びに行くか、どの番組を見るか、それぐらいのことなら常識で考えればいいでしょう。しかし、人はだれでも、常識だけでは間に合わない事態というものにかならず

18

第1章　なぜ哲学を学ぶのか

出会うのではないでしょうか。そうしたとき、的確に判断し、正しく対応していくためには、断片的にとどまらない、体系的な世界観がかならず必要になる、ということです。

## 宗教と哲学はどうちがうか

　「体系的な世界観」ということでいえば、宗教はそれなりに体系的な世界観です。**宗教**とは、超自然的なものへの信仰と、それとむすびついた思想・感情・行為の総体です。宗教が説明する世界観、そして信者にたいして与える確信のよりどころとなる教義は、超自然的・超人間的な存在によってもたらされるとされていて、これを受け入れ、信じるのが宗教です。したがって宗教は、体系的な世界観ではあるけれども、理論的に追求するというような世界観ではありません。

　これにたいして**哲学**は、理論的な世界観です。「理論的」というのは、「考える力」、つまり理性に根拠をおくものであることと、全体としてまとまりがある、体系だてられている、ということの2つの意味を含んでいます。つまり、哲学は、理性にもとづく体系的な世界観だということです。

　ここでは、宗教について論じるわけではありませんが、哲学と宗教は、たしかに似た面をもっています。バラバラではなく体系的であり、個々の問題ではなく世界観を問題にする、世界の根本原理や人間としての生き方を探究する、という点では一致しています。ただ、それを理論的に追求するのか、それを信じて信仰するのか、という点で異なるのです。

19

宗教においても、宗教の教義をつくりあげたり、信者の理解を深めたりすることを理論的に探究する「宗教哲学」というものは成り立ちます。しかし、宗教の本質は「信仰」であって、「説明されて納得する」とか、「実践して確かめる」とか、「理論的に学ぶ」とかいうものではないのです。

## 哲学が必要になるとき

　では、どんなときに哲学が必要になるか。さきに見た「常識だけでは間に合わない事態」とは、どういうことでしょうか。

　まず第1に、なんらかの危機的な事態に直面したときです。だれでも、平穏な日常を送っているだけではありません。大きな事故や重い病気、就職や転職、不当な解雇、結婚や出産、子育てなど、人生を決定づけるような事態も起こります。そうした大きな問題に直面し、ものごとの判断に迷ったときや、的確な決断が求められるようなとき、つまり「いざというとき」、哲学が必要になります。これまでの常識だけでは解決できず、現実をしっかりととらえ、ものごとを根本的に考え直し、適切に判断しなければならないからです。そうしたとき、働くものにふさわしい哲学を身につけていれば、どう考えればいいか、その方向が見つけやすいのではないでしょうか。日ごろからじっくりと、哲学的なものの見方を学んでいてこそ、危機的な事態にも対処することができるものなのです。

　そして第2に、なにか危機的な事態ということでなくても、「ものごとを深く追求しなければならないとき」です。さまざ

20

第1章　なぜ哲学を学ぶのか

まな仕事や研究、社会活動、あるいは遊びや趣味であったとしても、ものごとを深く追求しようとすれば、常識だけでは間に合いません。また、哲学は、自然科学の研究や社会現象の科学的解明といった科学の方法とも深くかかわっています。未知の分野についての認識をひろげていくためには、常識にとらわれず、「ものの見方・考え方」自体についての理論を尊重し、その理論を駆使して研究しなければならない、ということです。いずれにしても、私たちが常識を突き破って深くものごとを知ろうとするとき、どんな哲学を身につけているかが問われることになります。


## 4　哲学とはどんな学問か

### フィロソフィア

　哲学とは、けっきょく、理論的な世界観であり、「ものの見方・考え方」を理論的に明らかにしようとする学問です。

　古代ギリシアでいう「フィロソフィア」を翻訳した「希哲学」という言葉が略されたということ、そのため「哲学」という言葉自体がわかりにくいということは、この本の「まえがき」で、すでに述べました。「哲学」が「難しい」とか「堅苦しい」とかいったイメージをもたれがちなのは、「哲学」に限らず、哲学用語の多くが漢字による造語だというところからきていま

21

す。日本語で高度な学問を学ぶことができるという利点の反面、日常用語では使われない難しい言葉で哲学が語られることになったのです。

　さらに、日本特有の歴史的な事情もありました。それは、明治政府が、自由民権運動に大きな影響を与えたイギリスやフランスの自由主義的で進歩的な哲学を嫌い、帝政ドイツの保守的で反動的な哲学を積極的に導入した、ということです。そのドイツの哲学が、いわゆる観念論で、科学的な世界観を否定し、やたらと難解な議論を展開するという傾向をもっていたため、「哲学は一般市民とは無縁の学問だ」という印象につながったと考えられます。

　ヨーロッパなどでは、「哲学」は、ふつうに使われる言葉で、「思想」と同じような意味合いで使われており、「哲学は難しい」というイメージは、とくにもたれていないようです。というのも、「哲学」の語源である古代ギリシアの「フィロソフィア」は、「知を愛する」という意味であり、知的探求の重要性を表現するものでした。ですから、「フィロソフィア」は、もともと、知的探求そのもの、つまり「学問一般」を指していたのです。それがのちに、研究対象を限定した個別科学、たとえば、動物学、植物学、天文学、力学、幾何学、医学、政治学、法学といった個別科学が分化し、自立していきました。ところが、世界観を問題にしようとすれば、世界全体が問題になるわけですから、個別の研究対象に限定することができません。つまり、世界観を問う学問は、個別科学にはなりえないのです。

22

第1章　なぜ哲学を学ぶのか

こうして、「フィロソフィア」は、全体としての世界を対象とし、個別科学を成り立たせている世界の根本原理や、人としての生き方を研究する学問、とされるようになりました。それが、今日の「哲学」なのです。

## 科学的社会主義の世界観

　世界、すなわち自然・社会・人間の精神活動の全体について、どのようにとらえ、どのように考えていくか、世界観を確立することは、けっしてたやすいことではありません。人間の認識能力は歴史的に制約されていますから、世界観を形成するための材料も、はじめからそろっているわけではありません。ですから、かつて哲学者は、まだ知られていないことを空想で補い、不足していることを想像で満たし、現実のつながりのかわりにみずからの頭の中でつくりだしたつながりをすえる、というやり方で世界観を描くしかなかったのです。

　しかし、１９世紀以降、自然科学と社会科学が大きく発展しました。そうしたなかで、科学は、科学それ自身の力で、世界の全体的なつながりを解明し、さまざまな問題を明らかにしていくことができる段階に到達するようになりました。いまや、特別な人の頭脳に頼らなくとも、科学的な世界観を形成することが可能となり、働くもののだれもが、生活と人生の指針とするにふさわしい世界観を学びとることも可能になってきたのです。

　現代社会において私たちが学びとるべき哲学は、日常生活と

どうかかわっているのかわからないような、ただ難解な哲学ではなく、「いざというとき役に立つ哲学」であり、「深い認識にむすびつく哲学」であり、「人間の未来を展望できる哲学」でなければなりません。

　この本で、これから展開していく哲学は、※1マルクスや※2エンゲルスが、それまでのあらゆる学問の成果を学びとり、それらを総括することによって初めて提起し、その後の人民のたたかいのなかで発展させられてきた「科学的社会主義の世界観」だということをおさえておきましょう。

　　　※1マルクス　（カール・マルクス　1818〜1883年）ドイツ生まれ。エンゲルスとともに科学的社会主義の基礎をすえた経済学者・哲学者・革命家であり、国際労働運動の指導者。主著『資本論』。

　　　※2エンゲルス　（フリードリッヒ・エンゲルス　1820〜1895年）ドイツ生まれ。科学的社会主義の創始者の1人で思想家、国際労働運動の指導者。マルクスの死後、マルクスの残した草稿をもとに、『資本論』第2巻、第3巻を刊行した。

第 1 章　なぜ哲学を学ぶのか

# 第2章

# ものの見方のわかれ道

## 1　哲学の根本問題

### 思考と存在との関係

　さまざまな哲学、さまざまな「ものの見方・考え方」があるなかで、それらをどのようにとらえるか、エンゲルスは、つぎのように述べています。

　「すべての哲学の、とくに近代の哲学の、大きな根本問題は、思考と存在との関係にかんする問題である。……この問題に答える立場にしたがって、哲学者たちは2つの大きな陣営に分かれた。自然にたいして精神の本源性を主張し、したがってけっきょくのところ、なんらかの仕方の世界創造を認めた人びとは……観念論の陣営を形づくった。自然を本源的なものとみなした他の人びとは、唯物論の種々の学派に属する。」（『フォイエルバッハ論』）

　つまり、世界をとらえるにあたって、まずは、思考と存在との関係、「精神的なもの」と「物質的なもの」との関係をどう見るか、要するに、世界の根源は「精神的なもの」か「物質的なもの」か、これが「哲学の根本問題」だ、というのです。哲

26

第2章　ものの見方のわかれ道

学のさまざまな学派や主義、主張は、けっきょくのところ、唯物論か観念論か、2つの潮流に分かれる、ということです。この2つの潮流の対立は、世界の本質は何か、という問題をめぐる対立であり、自然と精神との関係、あるいは物質と意識との関係をどうとらえるか、どちらを根源的なものとみて世界観を形成するか、という対立です。

　この問題にかんして、1つは、自然や物質が根源的なものであって、精神や意識は自然や物質が生み出したものだ、と考えます。このような哲学を**唯物論**といいます。もう1つは、これと反対に、精神や意識が根源的なものであって、自然や物質は精神や意識が生み出したものだ、と考えます。このような哲学を**観念論**といいます。

**唯物論と観念論**

　たとえば、「私たちは頭で考えますよね」と言われたとき、それをそのまま素直に認めるなら唯物論です。なぜなら、頭脳をはじめとする身体機能は「物質的なもの」ですから、そういう「物質的なもの」がまずあって、その「物質的なもの」の働きとして考える、つまり、精神や意識が二次的に生じること認めているわけです。また、「赤いものが赤く見える」といえば、ごくふつうの、あたりまえの考え方ですが、これも唯物論です。まず「赤いもの」があって、そういう存在がまずあって、そののちに、それを受けとめて「赤く見える」、「赤い」という感覚が生じる、ということを認めているわけです。

27

しかし、「そんなとらえ方は単純すぎる」という考え方もあります。たとえば、「私たちそれぞれは自分の頭で考えるにしても、私たちの肉体を超えた何かがあるにちがいない」とか、「自然や物質そのものがなんらかの精神的原理によって支配されている」とか、そうした主張は観念論です。これらは、「神」とか「運命」とか、「イデア」とか「絶対理念」とか、表現はいろいろですが、物質的でない、なんらかの精神的原理をもとにして世界観を描いているわけですから、それは観念論だということになるのです。あるいは、「自分の外に客観的世界があるというが、そのような外界がほんとうに存在するかどうかは人間には知りえない」などといった、こみいった議論（不可知論）もありますが、これもけっきょくは観念論です。

　このように、唯物論と観念論は根本的に対立する２つの立場です。しかし、唯物論と観念論のちがいは、物質と精神のどちらを根源的なものとして世界観を形成するか、ということによるであって、物質と精神のどちらを大切にするか、どちらが重要であるか、といった問題ではありません。ですから、「※1唯物論は物質至上主義だ」とか、「※2観念論は理想主義だ」とか、あるいは「唯物論は精神的なものを認めない」とかいうのは、いずれも誤解にすぎません。

　　　※1**唯物論**　英語では materialism 。「物質主義」と訳すことができ、精神より物質を重んじる物質至上主義と解されることがある。

28

第2章　ものの見方のわかれ道

※2**観念論**　英語では idealism 。「理想主義」と訳すことができ、リアリズムにたいする理想主義と解されることがある。


## 2　唯物論の始まり、観念論の始まり

### 原始時代のものの見方

　何万年も昔、原始時代には、「哲学」はまだありませんでした。

　この時代にも、もちろん、人間は生きるために、食糧や燃料をひろい集めたり、道具やすみかを作ったりしなければなりませんでした。生活の糧をえようとすれば労働しなければならないし、欲しいと思っただけではそれらが手に入らないことも知っていました。人間は、自然のなかにあって、自然に合わせて生きていくのがあたりまえでした。そういう意味では、原始時代の人びとは、唯物論的にものを考え、唯物論的に行動していたことになります。しかし、だからといって、この時代の人たちが唯物論者だったとはいえません。哲学とは、理論的な世界観です。この時代の人たちは、世界とは何かについて、「理論的」といえるような、いくらかでもまとまった考えを、まだもっていたわけではないからです。

　他方で、原始時代には、自然のなかでの人間の力はまだまだ小さく、自然についての人間の知識も不十分でした。自然は、

29

ほとんど人間の手を加えられない荒々しい姿のままで、原始人たちの生活をおびやかしていました。こうした生活のなかで、原始人たちは、自分たちのまわりの自然物や、そこで起こっているさまざまな現象を理解することができず、自然物や自然現象は、それらの背後にひそむ「※1精霊」や「※2霊魂」といった、神秘的なものによって動かされている、と考えました。これが原始宗教です。「山の神」とか「水の神」とか、あるいは「神鳴り（雷）」とかいったもので、自然現象を説明するしかなかったのです。それは、もちろん観念論的な考え方ではありましたが、やはり、まだ世界観としてまとまったものではありませんでした。

※1**精霊**　草木・動物・無生物などの個々のものに宿っているとされる超自然的な存在をいう。精霊崇拝（アニミズム）につながる。

※2**霊魂**　人間の身体内にあって、人間の精神や生命を支配すると考えられる非肉体的な存在をいう。死や病気は霊魂が身体から遊離した状態とみなされる。

## 古代ギリシアで哲学が始まった

やがて、古代ギリシアにおいて、最初の哲学が生まれました。文明がすすんで新しい生産技術や交易が発達し、世界についての知識が豊富になってくると、世界をただ神話的に説明するだけではおさまらず、新しい時代に適合した新しい世界観が求め

第2章　ものの見方のわかれ道

られるようになったからです。紀元前6世紀にあらわれたミレトス学派の哲学がそれです。

当時、小アジアの地中海沿岸（イオニア地方）には、ミレトスをはじめ、ギリシア人の植民都市がたくさんできていました。古代ギリシアは奴隷制社会でしたが、同じ奴隷制でも、本土と植民都市とでは社会状況がかなりちがっていました。アテネなどの本土は、農業を中心とし、奴隷所有者の多くは地主貴族で、伝統的・宗教的な考え方が優勢でした。これにたいして植民都市は、もともと商港で、貨幣による商品交換もさかんにおこなわれ、奴隷所有者は商工業貴族で、伝統にとらわれず、生産労働への関心ももっていました。こうした状況のもとで、自然を自然としてとらえ、その根源が何であるかというところから、世界全体を理解しようという抽象的な思考、すなわち理論的な世界観としての哲学が始まったのです。

最初は、タレスという人でした。かれは、「万物のもとのもの（根源）は何か」と問い、「それは水である」と答えました。水は、だれもが必要とするものであり、海にも川にも空にも、動植物の身体のなかにも、いたるところにあって、しかも循環しています。だからこそ、万物の根源にふさわしいと考えたのでしょう。

それまでのような、神話的なものの見方であれば、「神のなせるわざ」ですから、議論のしようもないし、確かめようもありません。しかし、タレスの主張する「万物の根源」としての「水」は、私たちが日常的に見たり触れたりしているものであ

31

って、ほかの人たちも、それぞれの経験や理性にもとづいて、合理的な根拠をあげながら、自由に検討できるものです。

　ですから、ただちにその検討が始まりました。「万物の根源は何か」、タレスが「水である」と答えたのにたいして、ある人は「空気である」といい、別の人は「火である」といいました。さらに、「土と水と火と空気である」といった多元論も含めて議論され、やがて、世界のすべての現象を「原子（アトム）」とその運動によって説明する、デモクリトスの「※原子論」へとすすみました。

> ※原子論　自然は、究極的には、原子とよばれる何種類かの不可分かつ不変な粒子からなる、とする考え方。古代ギリシアの自然哲学のなかで提起され、近代科学においては、１９世紀初めにドルトンによって、原子を分解しうる最小の単位とする考え方が導入された。

　これらはいずれも、単純素朴ではあっても、世界の根源を目の前の物質的な自然それ自身のなかに求める、明らかな唯物論でした。


## 神々と巨人族との戦い

　一方、原始宗教的な世界観の流れをくむ潮流も、すっかりなくなったわけではありませんでした。当時の都市国家アテネは、奴隷制を基礎とする古代民主制の時代でした。ここに、民主政治に対抗して、貴族層の利益を代表する立場から、唯物論への

第2章　ものの見方のわかれ道

敵意に燃えて、プラトンが登場しました。

　プラトンの主張は、物質世界を越えた精神的実在（イデア）こそが万物の根源である、とする「イデア論」でした。たとえば、私たちが、三角形を描こうとして、いくら定規やコンパスを使ったとしても、厳密にはゆがみや誤差が避けられず、完全な三角形は描けません。それでも三角形として扱えるのは、背後に「三角形のイデア」があるからだ、というのです。つまり、プラトンは、私たちをとりまいている物質世界は真の実在ではなく、真の実在であるイデアの世界の影にすぎない、というのです。プラトンによれば、イデアこそが現実の事物の原型です。そして、物質世界は実在性のない現象の世界であるのにたいし、イデアの世界こそが真に実在する本質の世界であって、そのイデアの世界は「理性の目」によってしか見ることができない、というのです。

　プラトンは、直接に感覚できる具体的な、個別的なものだけでなく、直接には感覚できない抽象的な、普遍的なものをも認識することのできる人間の思考力に注目したのです。それは、きわめて重要な観点でした。しかし、イデアとは、もちろん物質的な存在ではなく、なんらかの精神的な存在です。そのようなイデアが真の実在であって、私たちをとりまいている物質的な存在は、イデアの「模写」ないしは「影」にすぎないというのですから、イデア論は典型的な観念論です。

　また、プラトンは、観念論と唯物論との対立を、ギリシア神話に登場する「神々と巨人族との戦い」にたとえ、物体主義（唯

33

物論）の巨人たちが「万物を天から地上へとひきずりおろし、物質と実在とを同一視している」と非難しました。たしかに、唯物論は「物質と実在とを同一視」します。物質的なものこそが実在であって、イデアや理念といった精神的なものは物質的なものによって生み出される、と主張するわけです。観念論の立場からすれば、そうした唯物論の主張を受け入れることができないのは当然のことでしょう。

　以来、唯物論と観念論との対立が続くことになりました。


## 3　哲学の発展

### 中世封建制社会の哲学

　中世ヨーロッパでは、キリスト教の教会権力のもとで、神学が学問全体を支配しました。哲学は「神学の下女」といわれ、プラトンやアリストテレスの哲学がキリスト教神学のために利用され、唯物論の思想は、神を否定するものとして、きびしく弾圧されました。

　しかし、そうしたなかでも、唯物論の発展がみられました。あくまでも神学の内部での議論ですから、けっして無神論ではありませんでしたが、伝統的な神学が、神を物質世界の外に置き、人間が神に触れることを許さないものであったのにたいし、神はこの物質世界のなかにいるのではないか、森羅万象が神の

34

現れなのではないか、とする「汎神論」とよばれるものでした。

　こうした「汎神論」の考え方によって、まだ宗教のなかでは
あっても、物質世界にみられる現象を具体的に研究し解明して
いく道がひらかれました。地動説や古典力学の基礎が築かれた
のです。しかし、明確な唯物論でなくても、そうした議論は、
神と人間との本質的な区別を否定することにつながりますか
ら、それらは「危険思想」として、やはり弾圧されることにな
りました。


## 自然と人間の発見

　近代ヨーロッパにおいて、封建制度の崩壊や近代科学の形成
などとむすびついて、「自然と人間の発見」がすすみました。

　それは一方で、コロンブスやマゼランらによって、「新世界」
や世界航路などの「地理上の発見」がすすんだことや、コペル
ニクスやガリレイからニュートンにいたる「科学革命」によっ
て、無限に開かれた宇宙とその法則をとらえようとしたことな
ど、地上から宇宙におよぶ壮大な自然の世界の発見でした。

　そして他方で、[※1]ルネッサンスや[※2]宗教改革、[※3]市民革命
などは、生きた人間そのものをありのままにとらえなおそうと
するものでした。教会の権威ではなく内面的な信仰を重視しよ
うとしたことや、来世ではなく現世の職業に積極的な意味を見
出そうとしたこと、農民戦争や市民革命によって人間が社会を
変える主体として登場したことなどは、人間そのものの発見を
意味したのです。

※1 **ルネッサンス**　文芸復興。１４世紀末のイタリアに始ま
り、１５、１６世紀に西ヨーロッパ一帯におよんだ文化の興
隆期をさす。資本主義のめばえと反封建闘争の高まりを基礎
に、あらゆる面で文化が飛躍的に発展し、近代的文化の基礎
を築くとともに、封建制打破の重要な要因となった。

※2 **宗教改革**　１６世紀、ヨーロッパに起こったキリスト教
の改革運動。これによって、ローマ・カトリック教会の一元
的支配が崩れ、プロテスタントの諸派があらわれ、それがブ
ルジョア革命の重要な先駆をなした。

※3 **市民革命**　１７世紀、イギリスに始まるブルジョア革命。
資本家階級が主導し、封建的諸関係を打破して、資本主義的
諸関係を確立していった。

　こうした「自然と人間の発見」は、精神と自然との関係、思
考と存在との関係を根本的に問い直し、客観的世界の理解と人
間の主体性の確立を、哲学の課題として明確にとらえることを
要請するものでした。こうして唯物論は復活し、観念論もまた
新たな装いをもって登場してきました。


**唯物論と科学**

　古代ギリシアの唯物論者たちは、当時における最高の自然科
学者でもありました。すでに、日食を予言したり、恒星と惑星
を区別したり、生物の進化を論じたりしています。大きく時代
がくだって、近代科学の始まりとともに、経験が重視されるよ
うになり、分析的方法や実験的方法が発達しました。また、数

第2章　ものの見方のわかれ道

学的方法が導入され、物質と運動が不可分であることも理解されるようになっていきました。このように、唯物論は、つねに科学の発展とむすびついて発展してきたのです。

　しかしそれは、同時に、科学のそのときどきの水準に制約されたということでもありました。そのため、１９世紀までの唯物論は、生命のような有機体をも単純に物質の作用として把握しようとする弱点をまぬかれず、また、唯物論の観点を社会や歴史の領域にまでつらぬくこともできませんでした。世界の根源を物質に求めるにしても、それは自然にかんしてのことであり、しかも単純な、機械論的な理解にとどまったのです。

　しかし今日、物質の根源性、すなわち唯物論の基本的立場の正しさは、科学によって立証され、その理解も深まっています。物質世界を構成するミクロの世界から、地球を含む太陽系、銀河系、さらに大宇宙まで、「自然の階層性」が明らかにされ、人間の意識に先立って物質世界があることは、疑う余地がありません。また、人間の意識がどのように生まれるかも明らかにされるようになり、さらに、人間自身やその社会と歴史を唯物論的に理解することも、マルクスとエンゲルスによって初めて提起され、その後の歴史のなかで発展させられています。


## 現代の観念論

　自然科学が飛躍的に進歩した現代においても、世界の根源を、超自然的な、精神的なものである、とする観念論がなくなったわけではありません。この章の初めのほうで例にあげた「私た

37

ちは頭で考える」とか、「赤いものが赤く見える」とかいった、常識的で唯物論的なとらえ方にたいしても、「私」という精神が「頭」という物質を手段として使って考えるのだ、と主張したり、「赤いものがある」というが、人間の感覚にそう映るだけで、そのものが「赤い」という性質をもつわけではない、といった批判がなされたりしてきました。

　観念論は、なんらかの精神的なものの根源性を主張するものですが、「神」や「運命」や「イデア」といった、個々人からは独立したものが現実世界を支配しているとする客観的観念論と、人間個人の感情や意志の根源性を主張する主観的観念論に区別されます。

　現代の観念論は、昔ながらの客観的観念論も残っていますが、むしろ、主観的観念論が主流となっています。それには、「私」や「自分」の主体性を強調する実存主義などの「人間主義」と、経験だけを一面的に強調する実証主義などの「科学主義」、2つの傾向があります。科学と正面から対決するかのような「人間主義」と、科学的な方法を重視するかのような「科学主義」、正反対の装いを見せていますが、いずれも、科学を軽視するか、ゆがめるか、そのことによって唯物論と真っ向から対立する主張となっているのです。

第2章　ものの見方のわかれ道

## 4　なぜ「哲学の根本問題」なのか

### 人間精神の豊かさと物質世界の広大さ

　私たち人間にとって大切な問題といえば、「自由に生きる」「自分らしく生きる」「幸せとは何か」「生きがいとは何か」など、さまざまな問題があります。そうしたなかで、物質と精神との関係を問うことが、なぜ「哲学の根本問題」となるのでしょうか。

　まず第1に、とくに近代の哲学において、人間精神の豊かさと物質世界の広大さの双方が自覚されるようになった、ということがあります。

　近代以前では、「人間精神」といっても、宗教や伝統にしばられ、ごくかぎられた人たちが、ごくかぎられた範囲で追求できただけでした。「物質世界」についても同様で、天動説という、かぎられたプラネタリウム的な宇宙観のもとで、自然そのものについての理解もかぎられたものでした。それが、ルネッサンス以降の「自然と人間の発見」によって、物質と精神、その双方がよく理解されるようになったからこそ、物質と精神のどちらを根源的なものとして世界観を形成するか、そこが鋭く問われるようになった、ということです。

### 現実世界のとらえ方がまるでちがう

　そのうえで、第2に、物質を根源的と見るか精神を根源的と見るかによって、現実世界のとらえ方がまるでちがったものに

39

なってしまいます。

　唯物論は、物質の根源性を認めるものですから、現実世界、すなわち自然や社会それ自身のあり方を問題にし、そこに必然性や法則性を見いだそうとします。そして、その法則性は科学によって明らかにされる、と考えます。これにたいして観念論は、精神の根源性を主張するものですから、世界を支配する精神的な原理、あるいは、人間の感情や意志だけを問題にし、けっきょくは、なんらかの仕方で、精神的なものによる世界創造を認めることになります。

## 現実世界にたいする態度が異なる

　そして第3に、唯物論と観念論とでは、現実世界にたいする人間の態度が大きく異なってくることになります。

　唯物論は、現実世界をありのままにとらえようとし、現実世界のなかで人間の自由や幸福を実現しようと考えます。そして、もし社会に不合理があるなら、それを変革することを追求します。しかし観念論は、現実世界のなかにさまざまな対立や矛盾があったとしても、けっきょくは、精神的な原理が実現されていくとして、現実を美化したり、現実と妥協したりする態度をとりがちです。そして、「魂の救い」や「心の自由」といった問題をもっぱら追求することになり、「現実の社会を変革しよう」という観点が弱くなってしまうのです。

第 2 章　ものの見方のわかれ道

## 働くものにふさわしいものの見方

　このように、人間の世界観や人生観、働き方や生き方にかか
わる「ものの見方・考え方」の根本に、唯物論の立場をとるか
観念論の立場をとるか、という問題があります。

　このテキストは、唯物論の立場に立っています。それは、働
くものにふさわしい「ものの見方・考え方」は、現実を直視し、
現実を変革することにつながるような「ものの見方・考え方」
でなければならない、と考えるからです。

　唯物論は、精神より物質が大切だ、と主張するものではあり
ません。しかし同時に、唯物論と観念論、どちらも大切だ、と
いうことでもありません。実際のところ、世間にあふれている
ものの見方は、むしろ観念論です。宗教や運命、感情や意志が
強調されています。問題の解決を「魂の救い」や「心の自由」
に求めるということもよくあります。さらに、人びとの目を現
実からそらせるために、意図的に観念論的なものの見方がひろ
められています。ですから、働くものにふさわしい「ものの見
方・考え方」として、唯物論をしっかりと学びとり、それを自
分のものとし、唯物論的に実践していくことが大切なのです。

41

# 第2章　ものの見方のわかれ道

# 第3章

# 唯物論とはどういうことか

## 1　物質とは何か

**現実世界をありのままに**

　世界の根源は何か、それが哲学の根本問題です。世界の根源を物質的なものと見るか、精神的なものと見るかによって、世界のとらえ方がまるでちがったものになってしまいます。また、現実世界にたいする態度も大きく異なってきます。この根本問題にたいして、自然や物質こそが根源だ、と答えるのが唯物論です。

　唯物論とはどういうことか、エンゲルスはつぎのように説明しています。

　「現実の世界 —— 自然および歴史 —— を、どんな先入見的な観念論的気まぐれもなしに、それら自然および歴史に近づく者のだれにでもあらわれるままの姿で、とらえようという決心がなされたのであり、なんらの空想的な関連においてではなく、それ自体の関連においてとらえられる事実と一致しないところの、どのような観念論的気まぐれをも、容赦することなく犠牲にしようという決心がなされたのである。そして唯物論は、

44

一般的にいって、これ以上のことを何も意味しない。」（『フォイエルバッハ論』）

つまり、唯物論か観念論かという根本問題の核心は、現実世界をありのままにとらえようとするのか、先入観や偏見、空想や願望などから世界を描くのかのちがいであって、「物質と精神のどちらが大切か」といった問題ではないのです。

## 物質とは何か

では、唯物論がその世界観の根源におく「**物質**」とは、どのようなものでしょうか。

石ころや柱やコップなど、形や重さのある物体（固体）はもちろんのこと、水（液体）でも、空気（気体）でも、自然に存在するものは、すべて「物質」です。古い唯物論は、「それ以上分割できないもの」という意味での「原子（アトム）」を、物質のもっとも基本的な要素だと考えてきました。近代においても、酸素、水素、炭素、窒素、鉄、カルシウムなどの原子がさまざまな物質を構成している、と理解してきました。ところが１９世紀末になると、原子がさらに原子核と電子に分かれることや、ある種の原子は放射線を出して崩壊し別の原子に変わってしまうことがわかってきました。２０世紀になると、原子核を構成している陽子や中性子などの素粒子も究極の粒子ではなく、さらに「クォーク」から構成されていることも明らかとなりました。こうした事態をとらえて、観念論は、「物質は消滅した」とか、「唯物論の根拠は崩れた」などと主張するよ

うになりました。

## 客観的実在

このような観念論の側からの批判にたいして、現代の唯物論は、これまで常識的に理解されてきた「物質」という言葉にとらわれることなく、「物質とは何か」を説明します。

現代の唯物論が問題にする「物質」とは、**客観的実在**のことです。「客観的」ということは、主観的でない、つまり、考えることとはちがう、知っているか知らないかにかかわらず、あるものはある、ということです。しかも、「実在」ということは、実際にある、そういう気がする、そう思いたい、ということではなく、たしかにある、たしかにあるということは、調べればわかる、それが「実在」ということです。

したがって、物質、すなわち客観的実在とは、人間の意識とは別に、意識の外に、意識に先立って存在していて、人間の感覚の源となり、人間の感覚によって、直接的であれ間接的であれ、その存在を確かめることができるもののことなのです。

ですから、「物質」には、形や重さのある物体だけでなく、液体でも気体でも、光やエネルギーでも、さらには、自然科学の発展によって明らかにされてきた新たな物質のとらえ方であっても、自然界の存在のすべてが含まれます。また、意識をもった人間が集まってつくっている社会も、「物質」としてとらえます。社会や社会現象も、客観的に存在していて、調べればわかる対象だからです。

第３章　唯物論とはどういうことか

　こうした客観的実在は、人間の感覚や意識から独立して存在していますが、人間の感覚によって確かめることのできるものですから、それについて知ろうとする人間の認識に限界はありません。

## ２　意識とは何か

### 意識は物質である脳の働き

　物質、すなわち客観的実在にたいして、「意識」とは何でしょうか。

　**意識**とは、感覚や感情、思考、意志、想像、判断、推理など、さらに日常いうところの「魂」や「心」など、人間の精神作用のすべてをさします。意識は、それだけで独自に存在するわけではなく、高度に組織され発達した物質である脳の働きそのものです。意識は、独自には存在しない、物質の機能・働きとして現れる二次的なものである、それが唯物論の観点です。

　では、その意識とは、どういうものなのでしょうか。

　意識は、外界を反映する働きです。**反映**とは、要するに、映すということです。見たり、聞いたり、触ったり、人間は感覚器官をとおして外界の事物を感覚し認識する、それが反映です。

　もともと物質は、その外にある他の物質を反映する性質をもっています。物質はたがいに反映しあう、ということです。陽

47

が昇れば地面が暖かくなり、南向きの斜面には樹が生い茂ります。月の満ち欠けは、太陽と地球と月との位置関係の反映であり、鏡にものが映ったり、景色を写真に撮ったりするのも、物質の反映作用のあらわれです。この反映作用が、生物においては、[1]単純な刺激反応性から、情報伝達の手段としての[2]神経系へ、さらに[3]脳や脊髄へと進化してきました。とくに人間では、大脳新皮質の発達がいちじるしく、その反映作用も高度で複雑なものとなっています。

> [1]**単純な刺激反応性**　ゾウリムシやミドリムシなどの単細胞生物であっても、接触や重力、光、ある種の化学物質などの刺激にたいして、それに向かっていったり、あるいは遠ざかったりする機能をもっている。

> [2]**神経系**　多細胞動物では、刺激を受容する感覚器と反応する筋肉や腺が分化しているため、その間の情報伝達と制御をおこなう神経組織が発達する。

> [3]**脳や脊髄**　神経系が発達すると、その中枢として脊髄・脳幹・小脳・大脳といった重層的な構造がつくられ、さまざまな情報処理機能を分担するようになる。なかでも大脳新皮質は、感覚器官からの情報を知覚し、知的活動・自発的創造行為・意識的な運動制御・記憶などの情報処理を行なっている。

## 意識は外界の能動的な反映

　意識による外界の反映は、鏡にものが映るような受動的なものではなく、人間が対象に働きかけることをとおして獲得され

第 3 章　唯物論とはどういうことか

る、対象の能動的な反映です。そこには、誇張や選択、抑制、逆転、記憶、さらには想像や空想など、複雑な反映が含まれます。釣り落とした魚が大きく見えたり（誇張）、雑踏で友人の声だけを聞き分けたり（選択）、何かに集中しているときには他のものが見えなくなったり（抑制）、ものごとをまったく正反対にとらえてしまったり（逆転）、いま目の前にない過去のものごとを覚えていたり（記憶）、まだ起こっていないことを想像したり、現実には存在しないものを空想したりすることもできるのです。

　こうした意識の能動的な活動とその成果を「**認識**」といいます。人間は、感覚器官をとおして外界の事物を、たとえば「赤い」「丸い」「甘い」というように感覚し、それらをひとまとめにして、たとえば「りんご」というように知覚します。また、直接には感覚できない対象を表象（イメージ）したり、「くだもの」とか「商品」とかいった概念によってものごとを一般的にとらえたりすることもできます。さらに、さまざまな判断や推理もします。人間の認識には、そういう複雑で高度な働きがあるのです。

　それだけではありません。人間は、たんに対象を認識するだけでなく、さまざまな感情や意志をもちます。**感情**は、対象についての人間自身の態度を映しだしたものです。それは、認識と同様に、現実世界のなかで重要な役割を果たしています。感情の豊かさは、生活体験や人間関係の豊かさ、自然や社会や人間への関心の広さや深さと密接にかかわっているのです。また、

49

**意志**は、人間が自覚的になんらかの行動に立ち向かうときの心の働きです。自分がやろうとしていることについての明確な認識や、それを実現する喜び、仲間とともに行動する楽しさ、やればできるという自信などが、意志をより明確に、より強くするのです。

このように、人間特有の、意識のなかだけの問題のように思える感情や意志も、やはり外界と無関係に現れるものではなく、いずれも現実世界にたいする自分自身（主体）のかかわり方を意識のなかに反映したものだといえます。

## 人間の意識は素晴らしい

意識は外界の反映です。それは、たんなる外界の反映ではなく、人間のほうから対象に働きかけた結果としてえられる反映、つまり能動的な反映です。

人間は、興味を持って、関心をもって、目的をもって、期待をもって、対象にたちむかいます。だからこそ、見まちがいや聞きちがいもします。先入観や偏見も生まれます。しかし、だからこそ、人間の意識は無限の可能性をもちます。それまでになかった新たなものを見出したり、解けそうにない困難な問題であっても解決していく展望をきりひらいたりすることもできるのです。

意識は、人間にとってきわめて重要な、すぐれた役割を果たしています。唯物論は、この意識のもつ素晴らしさを重視するがゆえに、「意識とは何か」ということを物質的な基礎から明

第3章　唯物論とはどういうことか

らかにしようとし、意識のもつ素晴らしさを実際にいかす道を探ろうとするのです。

　ところが、観念論は、この意識のもつ素晴らしさを、度外れに誇張し、絶対化してしまいます。たとえば、「人間の活動は意識してから始まるのだから、意識こそが根源だ」と主張したり、「その気になれば何でもできる」とか、「何事も心がけしだいだ」というようなとらえ方を強調したりもします。

　たしかに、人間は考えてから行動するし、「その気」も「心がけ」も大切です。しかし、それらを強調するだけでは、なぜそうなったのか、なぜ成功したのか、なぜ失敗したのか、といったことを明らかにすることはできません。これでは、ものごとの原因やしくみや法則性を客観的事実のなかに追求する意味がなくなってしまいます。

　また、意識は素晴らしいものだからこそ、それを一面的に強調することによって、かえって現実が見えにくくなってしまいます。「努力すれば報われる」とか、「あきらめなければ成功する」とかいうだけでは、困難をまねいている現実も、不合理な事実も、追求されることがなくなってしまいます。それは、社会を支配しているもの（支配層）にとっては都合のいい話です。ですから、大衆に現実を知られたくない支配層は、そうした観念論的なものの見方を、教育やマスコミをとおして意図的にふりまいているのです。

51

## 3 観念論の落とし穴

### どうして観念論になるか

素朴には、だれでも唯物論です。空腹になれば何かを食べるし、危険が迫ればそれを避けようとします。外界からの情報にもとづいて、みずからの行動を判断するのです。最初から「運命に身をまかせよう」などと考える人はいないし、「自分の外に世界はあるかないか」など疑いもしないでしょう。

しかし、観念論にも根拠があります。そもそも人間が考えるということは、観念をつくって考えるわけですから、観念がどうしても先行しがちになるのです。

1つには、言葉を使うということです。言葉で表現するということは、ものごとを[※1]普遍化・[※2]抽象化するということであり、普遍化・抽象化するということは、具体的な現実から離れることを意味します。

> [※1]**普遍化**　一般化ともいう。特殊的なものを捨て、共通のものを残すこと。

> [※2]**抽象化**　ものごとのある側面や性質をぬきだして把握すること。

たとえば、「イヌ」という言葉は、あのイヌ、このイヌ、あのポチ、このシロなどなどに共通する普遍的なものを抽象して示しています。「山」や「川」といっても同じです。ところが、現実に存在するのは、あのイヌ、このイヌ、あの山、こ

52

第3章　唯物論とはどういうことか

の川などなどであって、普遍的な「イヌそのもの」「山そのもの」「川そのもの」などは存在しません。現実に存在しないものを意識のなかで表現する、ここに、すでに観念論の可能性があたえられています。

　もう1つは、外界についての知識が不十分な段階であっても、それなりに世界の諸現象をとらえようとするのが人間だ、ということです。

　原始時代の人びとは、自分自身の肉体と精神との関係が十分に理解できず、「霊魂」という観念をもたざるをえませんでした。同じように、雨、風、雷といった自然現象を、それらの背後に何かあるものが隠れていて、その隠れたものの働きである、というように考えるようになりました。「雨の神」「風の神」「神鳴り」といったもので自然現象を説明するのは、観念論的な考えにほかなりません。それは原始人だけのことではなく、現代人においても、個人の知識や判断能力は限られていますから、「神」や「運命」、あるいは個人的な経験などからものごとをおしはかる、ということにもなりがちです。

　人間は、素朴には唯物論ですが、観念論になる可能性や要素をもっています。ですから、「物質が世界の根源なのはあたりまえだ」とか、「自分は観念論ではない」とか思うだけでは、唯物論的に考え行動できるわけではないのです。


## 身のまわりにある観念論

　哲学として体系化・理論化された観念論は、相当難しい理論

53

体系をもっていて、だれもが学び身につけるというようなもの
ではありませんが、自然発生的な観念論はいくらでもあります。
何かに関心をもち、より深く理解したいと思う、けれどもよく
わからない。あるいは、何かに取り組み、それをやりとげたい
と思う、けれどもうまくいかない。そのようなとき、自然発生
的な観念論におちいりやすいのです。

　たとえば、事実・現実からではなく、先入観や偏見からもの
ごとを判断するのは観念論的です。でも、多くの人は「自分は
先入観や偏見などもっていない」と思っているでしょう。しか
し実際には、「こうあるべきだ」「こうあるはずだ」と、簡単
に結論づけることがよくあります。それなりに経験があって、
知識があって、期待があって、だからこそ、事実や現実から出
発せず、頭のなかから結論を引き出してしまう、ということに
なるのです。

　さらに、観念論的なものの見方を助長するような、「占い」
「オカルト」「超能力」などの情報があふれています。また、
科学と技術が大きく進歩し、個人ではなかなか理解できないよ
うな新しい知識や技術も紹介されます。社会的矛盾が深まるな
かで、競争させられ、孤立させられ、将来への希望が見えにく
い、そうした状況のもとで、それでも何とか自分なりに判断し
なければならない、しかし、十分に検討する余裕と条件がない。
そうなると、マスコミでどれくらい取り上げられているかとか、
世間的な権威、あるいは直観的な感情などから結論を出してし
まう、ということになりやすいのです。

第3章　唯物論とはどういうことか

## 理論と実践

　日常生活のなかで、ものごとをどのように考え、どのように対処していくか、という問題にかかわって、理論と実践との関係について考えてみましょう。

　理論というのは、本来、実践にもとづく認識の総括です。理論は、実践を基礎に、実践の要請に応えるものとして形成されます。つまり、実践や経験があってこその理論だ、ということです。

　ところが理論は、ひとたび形成されれば、実践にたいして相対的自立性をもつようになります。できあがった理論は、具体的な事実からきりはなされ、いまだ経験していないことへも適用できるものとして通用する、ということです。だからこそ、理論は実践の指針として役に立つのです。

　つみあげてきた経験は重要です。ところがそこから、実践活動における「経験主義」が生まれます。人は往々にして、個人的な経験と部分的な知識に頼る考え方や活動スタイルになりがちだ、ということです。しかし、個人の経験にはどうしても限界があります。私たちの実践活動は、たんに個人的な経験だけでなく、全人類の長年にわたる経験の蓄積による理論にもとづいておこなわれなければなりません。個人の経験を絶対化して理論に学ぼうとせず、現実をありのままに見ようとしないのは、けっきょく、実践活動の指針を頭のなかからひねりだす観念論だということになります。

　この「経験主義」の裏がえしとして、「教条主義」というも

55

のもあります。これは、自然科学や社会科学の理論を、まるで宗教の教義・教条のようにふりまわし、理論を具体的な問題に具体的に適用することができない考え方や活動スタイルのことです。学者や思想家の名前や業績、法則や理論に通じていて、それらをひけらかして論じるけれども、現実味がなく、共感がえられず、議論が深まらず、実践にいかされない。それが「教条主義」です。理論そのものがいくら正しくても、現実を具体的に調査・分析せず、理論を現実におしつけるなら、やはり観念論におちっているといわなければなりません。

# 4 常識をどうみるか

## 常識の限界

　唯物論を学んでみると、それが理論的に正しいことは明らかでしょう。しかし、「そんなことが日常生活とどうかかわるのか」「日常生活は常識で十分ではないか」といった疑問も出てきます。

　常識というのは、それはそれで大事なものです。常識が大事なものだというのは、健全な常識が唯物論と一致しているからにほかなりません。唯物論は、現実を的確に表現しようとするものです。常識も、現実を反映し、経験に学ぼうとしているかぎりは健全です。健全な常識は唯物論と一致しているからこそ、

第3章　唯物論とはどういうことか

日常生活は常識でことたりるのです。しかし、常識には、避けられない限界があります。

第1に、常識には、健全な常識もあるけれども、健全とはいえない常識もあるということです。たとえば、「まじめに働くのはよいことだ」というのは、あたりまえのことのように思われてきましたが、長時間過密労働がおしつけられ、過労死さえ起っている日本の現実に照らしてみれば、もはや健全な常識とはいえないのではないでしょうか。まして、「２４時間戦えますか」などと、すべてを仕事に捧げることをよしとするような風潮は、不健全な常識といわなければなりません。健全な常識とは、事実や現実にもとづいたものでなければなりません。現実からはなれて、常識がひとり歩きするようなら、もはや健全な常識とはいえないのです。

第2に、たとえ健全な常識であっても、常識には避けがたい狭さがあるということです。平凡な日常生活ではなく、重大な事態に直面したときや、ものごとを深くとらえようとするとき、常識の枠の狭さに気づかされます。たとえば、職場で実際に重大な事故が起こってしまったとき、その原因や対策を考えようとすれば、「安全を第一に」といった常識だけでは解決できないでしょう。あるいは、サービス残業があたりまえ、有給休暇さえ自由に取れないといった現実を考えたとき、それを「日本の労働者は権利意識が低いからだ」といった常識的な判断だけですますわけにはいきません。

57

## 現実とは何か

　こうした常識の狭さはどこからくるのでしょうか。

　それは、現実とは、そもそもどういうものなのかということに関係しています。私たちが見たり聞いたりしている事実は、ものごとの表面の「現象」にすぎません。たとえば、労働災害や過労死などは、さしあたり本人の不注意や責任のようにみえます。ところが、その背後に、不注意が起らざるをえないような労働強化や、命を削るほどに働かせる日本の資本主義のあり方といった「本質」がひそんでいます。常識は、ことの本質にまで迫るものではなく、現象的な事実にもとづいてつくりあげられています。ですから、どうしても、常識は、表面的な現象を日常的に表現することにとどまらざるをえないのです。

　現象と本質はちがいます。現象は、本質からはずれたり、ゆがんだり、逆転したり、さまざまなかたちで現われます。そうした現象の背後にひそんでいる真の原因やものごとの本質を解明してこそ、現実がほんとうに認識されたことになるでしょう。現実とは、現象と本質の統一なのです。常識だけでは、そこまで深めることができません。

第3章　唯物論とはどういうことか

# 第4章

# 弁証法的なものの見方

## 1 世界のあり方をどうとらえるか

### 弁証法的なものの見方

　ものの見方・考え方の根本問題は、世界の根源は何か、という問題です。この問題にたいし、唯物論は、世界の根源は物質的なものだ、と答えます。それは、けっきょく、事実・現実から出発する、ということにほかなりません。自分のまわりに物質的な世界がある、自分の外に客観的な世界がある、その世界をありのままにとらえよう、ということです。そうであれば、つぎに問題となるのは、その世界がどのようになっているか、ということでしょう。

　世界（自然・社会・人間の精神活動）それ自身をありのままに見てみると、さまざまなものごと（事物や現象）は、たがいにつながりあい影響しあいながら、たえまなく運動し変化し、しかもそのなかを発展の方向がつらぬかれています。私たちをとりまく世界を、このようなものとしてとらえるものの見方を「**弁証法的なものの見方**」といいます。

　たとえば、自然のなかに生きる生物は、光合成によって有機

物をつくりだす植物（「生産者」）と、その植物を食べて生きる動物（動物を食べる動物もあわせて「消費者」）と、植物や動物の残骸に含まれる栄養分を利用するカビや細菌などの微生物（「分解者」）とに分けられますが、それぞれの生物は、まわりの水や空気、光や温度などの無機環境とかかわりあいながら、食物連鎖にもとづく網の目のような関係をもって、つながりあい影響しあいながら、生まれ、成長し、生活しています。そして、長い年月のなかで、下等な生物から高等な生物へと進化（発展）してきました。

　人間社会も同じです。たとえば、セーターでも自動車でも、１つの商品は、世界中のさまざまな国ぐにで、多くの人たちの手によって運ばれ、加工され、製品化され、また販売されています。それを買う人は最後の店員しか知らないかもしれませんが、人と人との複雑なつながりあいのなかで商品がつくりあげられ、人間はそうした複雑な関係に入りこみ、それを利用しながら生活しています。この社会に、孤立したもの、不変のものなどありえないのです。そして、人間社会もまた、長い年月のなかで、原始時代から文明社会へ、さらに現代社会へと発展してきました。

## 絶対的な静止・不変はない

　もちろん、一時的・相対的には、静止していたり、不変であったりすることもあります。あるいは、たんなるくりかえしにしか見えなかったり、ときには後退したりしていて、発展して

いるとは思えないこともあります。

　たとえば、「動かざること山のごとし」というとおり、山は簡単に動いたりしません。しかし、山が動かないのは一時的です。そもそも、長い年月のなかで大地が隆起したからこそ山なのであり、地震もあれば、風化も受けます。大陸自体が、地球表面を構成する岩盤（プレート）とともに移動していることも知られています。しかも、動かないのは相対的です。相対的というのは、絶対的でない、どこから見てもそうだというのではなく、他のものと比較してそう言えるにすぎない、ということです。つまり、山が動かないのは、私たちから見て動かないだけ、位置関係として変わらないだけのことです。それが地球とともに回転していることを否定する人はいないでしょう。

　社会の問題でも同じです。たしかに、「世の中なんて変わらない」と思うことのほうが多いかもしれません。しかし、社会は変化してきました。そしていまも、たえず変化しています。あるかぎられた時間のなかでは、「自分にとっては何も変わりがない」と感じることはあるでしょうが、長いスパンで見れば、社会はまちがいなく変化しています。そうはいっても、「けっきょく、悪くなるだけで進歩なんかしていない」と嘆きたい気持ちになることもあるでしょう。それでも、よくよく見れば、社会は前進もしています。

　自然でも社会でも人間の精神活動でも、絶対的に静止しているもの、絶対的に不変のものなど、どこにもありません。つまり、一時的・相対的には静止していたり、不変であったり、あ

62

第4章　弁証法的なものの見方

るいは、たんなるくりかえしにしか見えなかったり、ときには後退が生じたりしていたとしても、全体として見てみれば、世界は運動を本性とし、たえまない変化・発展のうちにあります。

　このような世界の生きた姿を、あるがままに、全面的に正しく反映しようとするものの見方を「弁証法的なものの見方」というのです。

## なぜ「弁証法」とよぶのか

　「弁証法」という言葉は、ギリシア語の「ディアレクティケー」を語源として造語されたものです。古代ギリシアでは、それは、対立する意見をたたかわせて真理に到達する方法であり、「問答法」「対話術」「討論術」を意味しました。それがなぜ、「さまざまなものごとは、たがいにつながりあい影響しあいながら、たえまなく運動し変化し、しかもそのなかを発展の方向がつらぬかれている」というものの見方を表わす言葉となるのでしょうか。

　「ディアレクティケー」とは、要するに「討論」や「議論」ということです。討論ですから、当然、対立する意見のぶつかりあいがおこります。また、議論はあっちへ行ったり、こっちへ行ったり、それでも議論を続けるなかから、しだいに意見がまとまったり、あるいは、みんなが納得するような新しいアイデアが飛び出したりもするでしょう。討論や議論というものは、たんなるおしゃべりではなく、対立する意見のぶつかりあいとともに、回り道もあれば飛躍もある、そうしたダイナミックな

63

発展過程を含むものです。

　討論の発展過程が示すこうした特徴は、じつは、討論にかぎらず、世界のあらゆるものごとの発展過程にも見られる法則的な特徴なのです。このことを指摘したのが、１９世紀ドイツの哲学者※ヘーゲルでした。かれは観念論者でした。ですから、かれが「絶対理念」とよぶ精神的な原理がまずあって、それがジグザグな運動・変化、一時的な停滞・後退を含みつつ、しだいに低いものから高いものへと発展していく、というのです。こうした逆立ちした議論ではありましたが、ヘーゲルは、世界全体をつらぬく一般法則として、弁証法をあらためて提起したのです。

　　※ヘーゲル　（1770〜1831年）ドイツ古典哲学を代表する哲
　　学者。論理・自然・精神の３部門からなる哲学体系を「絶対
　　理念」の弁証法的発展という方法で提示した。マルクスとエ
　　ンゲルスは、ヘーゲルの観念論的弁証法を批判するとともに、
　　その合理的な核心をつかみとり、これを唯物論的につくりか
　　えた。

　こうして今日では、「弁証法」は、たんなる議論の方法ではなく、世界の一般的な運動と発展の法則にかんする科学を意味する言葉となっています。

第4章　弁証法的なものの見方

## 2　人間の認識の発展

### 弁証法の始まり

　弁証法的なものの見方は、古代ギリシアの※自然哲学のなか
に、いちはやく現われました。紀元前6世紀、イオニアの自然
学者ヘラクレイトスは、「万物は流転する」と述べています。
すべてのものごとは運動・変化しており、静止・同一のように
見えるのは一時的にすぎない、というのです。

> ※**自然哲学**　自然学ともいう。自然を、経験的事象の研究成果
> からではなく、抽象的思考によってとらえようとする哲学。
> 古代ギリシアの唯物論者たちの世界観。当時はまだ経験的自
> 然科学の発達がなく、哲学的思考によって自然をとらえるし
> かなかった。

　ヘラクレイトスは、「同じ川に二度入ることはできない」と
言ったともいわれています。もちろん、同じ川に何度でも入る
ことはできますが、きのう入った川ときょう入ろうとする川は
すでにちがう、流れてくる水はたえず入れかわっているし、川
底の様子もつねに変わっている、まったく同じ状態の川に二度
入ることはありえない、というのです。つまり、「万物は流転
する」ということです。

　このように、古代人たちは、素朴で直感的ではあっても、も
のごとを全体的に、運動と変化のなかでとらえることができて
いました。

　このような最初の素朴な「弁証法」は、ものごとの全体とし

65

ての姿の全般的な性格をそれなりに正しくとらえてはいても、全体を構成している個々の事物を説明するには十分ではありません。ですから、自然や社会にかんするより精密な研究は、のちのちの人びとにゆだねられることになりました。

## 近代科学の発展

　１５世紀後半から、自然科学が本格的に発展しはじめます。

　漠然とした認識にとどまらず、ものごとをくわしくとらえようとすれば、そのものごとを徹底して分析しなければなりません。そのためには、ものごとをひとまず固定・静止した状態にして、全体をバラバラの部分・要素に分解する必要があります。そうしてこそ、そのものの特徴が明らかになるということです。まさに、「分ける」とは「わかる」ことなのです。

　たとえば、カァーカァーと鳴いている黒い大きな鳥を指して、「あれは何か」と問えば、「カラスだ」と答える。それはそれで、十分正しいでしょう。しかし、そうやって「あれはカラスだ」と答えているだけでは、それ以上のことはわかりません。ものごとをよりくわしくとらえようとすれば、生きて飛び回っている鳥をつかまえて、ひとまず静止した状態にして、ひとつひとつの部分をとりだし、つまり、解剖したり分析したりして、こまかく調べていく必要があります。そうすれば、漠然と見ていただけではわからなかった、骨格や筋肉、内臓、神経その他の身体のしくみや構成成分など、いろいろなことがわかってくる、ということです。

第4章　弁証法的なものの見方

　ガリレイやニュートンらによる古典力学や、電磁気学、光学、さらには化学、生物学などの近代科学の発展は、こうした分析的方法とむすびついていました。それはまた、望遠鏡や顕微鏡をはじめとする観察手段の工夫や、人為的な条件のもとで真偽を確かめようとする実験的方法の発達にささえられたものでもありました。

　また、社会科学においても、社会現象を分析しその本質を探る研究がすすめられました。ホッブズやロックらは、市民革命の時期に国家や市民政府の本質を論じ、アダム・スミスやリカードらは、資本主義経済のしくみを明らかにしていく基礎となる理論をつくりあげていきました。


## ものごとをバラバラにとらえる傾向

　ところが、近代科学の方法としてめざましい成功をおさめた分析的方法は、同時に、ものごとを個々バラバラにとらえるものの見方につながりました。これを「機械論的なものの見方」といいます。

　機械論的なものの見方は、たとえば時計のような機械をモデルにして、世界のあらゆるものごとは、もともとバラバラな部分がたんに集合してできたものであり、いつも外からの力・原因によってはじめて運動するものであって、いったんできあがったものは永遠に同じ運動をくりかえしている、と考えたのです。このような考え方では、ものごとがバラバラに分解して研究されるだけで、その全体的な姿が見失われます。

67

機械は、たしかに、部分品をひとつひとつつくり、それらを集めて組み合わせたものです。部分品は固定的であり不変であり、いつでも解体することができ、再び組み立てることも可能です。しかし、この世界には、たとえば、生命体や人間社会のように、機械とは構造のことなるものもあります。生命体は、全体として生きているのであり、その部分はたんなる部品ではなく、それをバラバラにきりはなしてしまえば、機械のようにもとにもどすことはできません。社会もまた、全体として成り立っているのであり、部分部分を研究すれば全体がわかるというようなものではありません。

　ですから、ものごとを、単純に、個々バラバラに、固定的にとらえる機械論的世界観では、生命体や人間社会などに見られる、全体としてのつながりや特性をとらえることができない、ということです。また、機械論的なものの見方では、ものごとの原因をつねに外に求めることになり、原因の原因の原因の……とたどっていって、ついには現実世界の外に出てしまうことにもなりかねません。さらに、ものごとの運動・変化はたんなるくりかえしにすぎないと考えるわけですから、ものごとの発展を否定する考え方にもつながります。

　こうして、生命を機械のようにとらえた『人間機械論』が著されたり（ラ・メトリ）、物体の運動の根本原因を「※神の一撃」にたよったり（ニュートン）、資本主義社会を永遠不変のものと考えたり（アダム・スミスやリカード）することになりました。

第4章　弁証法的なものの見方

※**神の一撃**　ニュートンは、１７世紀最大の物理学者・数学者
であり、運動の三法則や微積分の発見などで大きな功績を残
した。しかし、宗教を否定する立場にはなく、天体運動の最
初の動因として、神の存在を認めた。

## 機械論的世界観の克服

　しかし人間は、いつまでもそのような機械論的世界観にとど
まったわけではありません。１８世紀末の※1フランス革命や
それに続くヨーロッパ社会の激動と※2産業革命、そして自然
科学や社会科学のさらなる発展が、新しい世界観を生みだす条
件になりました。こうしてヘーゲルが、機械論的世界観を批判
し克服する方法として、あらためて弁証法をとりあげたのです。

※1**フランス革命**　1789年フランスに起こったブルジョア革
命。ブルボン王朝の失政、啓蒙思想のひろがり、平民の台頭
などを要因として発生し、封建制と絶対王政を倒し、人権宣
言を公布して、周囲の諸国にも大きな影響を与えた。

※2**産業革命**　資本主義的生産を確立した技術的経済的変革
をいう。18世紀後半から19世紀の初めにかけてイギリスで
おこなわれ、つづいてヨーロッパ大陸やアメリカにひろまっ
た。小さな手工業的な作業場に代わって、機械設備による大
工場が成立した。

　ヘーゲルは、若いころから「自由・平等・友愛」の思想をか
かげたフランス革命に共感し、イギリスの産業革命や資本主義
の発展にも関心を寄せていました。そして、自然と社会と人間

69

精神の全体をひとつの統一的な過程としてとらえ、人間精神の創造的な活動や歴史の発展などを弁証法的に論じました。しかしその内容は、「絶対理念」が自己運動し自己実現していく、というような、神秘的な衣におおわれたものでした。ヘーゲルは、あらゆるものの変化・発展を論じる弁証法を唱えながら、それを自分の観念論哲学の体系のなかに閉じ込めてしまったのです。

　ヘーゲル哲学の観念論的欠陥に気づいた人びとは、唯物論の方向へと向かいました。マルクスとエンゲルスは、社会や歴史は、けっして「※世界精神」といったものが支配するのではなく、人間の現実の生活、とりわけ労働の発展をもとにしてこそ科学的に把握できることを明らかにしていきました。マルクスは、人間は自らの人間的能力を高め、社会を変革することをとおして人間的自由を前進させてきたこと、さらに、弁証法的方法を駆使して資本主義社会の経済法則を明らかにしました。エンゲルスもまた、唯物論的な弁証法を平易に解説するとともに、自然のなかにも弁証法がつらぬかれていることを物理学や生物学の豊富な事例を示しながら主張しました。

　　　※**世界精神**　世界を支配統制する原理を人間の精神になぞらえたもの。ヘーゲル哲学では、世界史のうちに自己を展開して実現する絶対精神をいう。

　こうしてマルクスとエンゲルスは、唯物論の基礎の上に弁証法をすえなおし、とくに、社会と歴史の唯物論的な解明に力を

そそぎ、現実の具体的な解明のなかから**唯物論的弁証法**を確立していきました。

　このように、「弁証法」という言葉は、古代から現代まで、同じような意味で使われたわけではありません。しかし、こうして人間の認識発展の歴史をたどってみると、人間の認識そのものが、一直線にではなく、ジグザグの道をたどって発展してきたことに気づかされます。つまり、人間の認識発展もまた、弁証法的な姿をとっている、ということです。

# 3　連関と発展の科学 ── 弁証法

### 世界を連関においてとらえる

　弁証法的なものの見方の第1の特徴は、「世界を連関においてとらえる」ということです。

　「連関」というのは、聞きなれない言葉でしょうが、「関連」や「つながり」と言いかえても、たいしたちがいはありません。ただ、日常的には、表面的なつながりや口先だけの関連ということもあります。そこで、表面的にとどまらないつながり、口先だけにとどまらない関連、そうした深いつながりや本質的な関連をさす言葉として、「連関」と表現します。

　**連関**とは、けっきょく、ものごとがたがいにつながりあって

71

いるということをさすのですが、それは、たんにつながりあっているだけでなく、相互作用しながら、たえまなく運動し変化し、生まれては消えていく、ということでもあります。なぜなら、ものごとがたがいにつながりあっているなら、当然、それらは影響しあい、相互作用を及ぼしあいます。また、現実に動いているものがあって、変化しているものがあって、それらがたがいにつながりあっているなら、完全に静止したものとか、いつまでも不変のものとかはありえないし、生まれもすれば消えもします。こうした、ものごとの相互作用、運動と変化、生成と消滅を含めて、「連関」とよんでいるのです。

　世界をあるがままに、連関と相互作用、運動と変化、生成と消滅においてとらえる、ここに弁証法的なものの見方の第1の基本精神があります。

　「連関においてとらえる」ということは、事実・現実を直視し、それらの本質的な関係に着目し、ものごとをできるかぎり全面的にとらえようと努力する、ということにほかなりません。そうしてこそ、私たちは、いきいきと感受性豊かに現実をとらえることができるし、硬直した思考におちいらないようにすることもできるのです。

　ところが、機械論的なものの見方になると、ものごとを個々バラバラに固定不変のものとしてとらえてしまいます。肯定と否定は絶対的に排除しあい、原因と結果は硬直した対立をなし、生と死ははっきりと区別され、それらのあいだには不動の境界線が引かれてしまいます。ものごとをはっきりと区別してとら

第4章　弁証法的なものの見方

えるというのは、必要でもあり、常識的なものの見方でもあるのですが、個々のものにとらわれて連関を見失い、存在にとらわれて生成と消滅を見落とし、静止にとらわれて運動を忘れてしまう、ということになるのです。これでは、世界の生きた姿を正しくとらえることはできません。

## 世界の発展をとらえる

弁証法的なものの見方のもう１つの特徴は、「世界の発展をとらえる」ということです。

ものごとの運動・変化には、たんなる位置の移動や量の増減、あるいは、同じことのくりかえし、ということもありますが、単純なものから複雑なものへ、低い段階から高い段階へ、下等なものから高等なものへ、といった質的変化もあります。こうした、新しい質へと前進するような変化を**発展**といいます。

ものごとの連関と相互作用、運動と変化、生成と消滅のなかに発展の方向がつらぬかれていることをとらえる、ここに弁証法的なものの見方のもう１つの基本精神があります。

「発展をとらえる」ということは、なんでもかんでも、すべてのものが発展しているということではありません。何か１つのものごとをとりあげて、「それのどこに発展があるのか」という追求の仕方をすると、「発展しているものもあれば、発展していないものもある」とか、「後退しているものだってある」ということになっていって、むしろ展望を見出すことができなくなります。ここで大切なことは、まず「世界を連関において

73

とらえる」ことであり、そうやってものごとの連関を徹底的に
的確にとらえれば、おのずと、ものごとの発展も見えてくる、
ということなのです。
　自然でも、社会でも、人間の精神活動でも、それらは外から
の力によって動かされるだけでなく、それら自身のなかに、
運動や発展の原動力をもっています。その原動力の中心とな
るのが、ものごと自身のなかにある現実的矛盾です。さまざ
まな対立した力や関係があって、そこにある現実的矛盾を解
決するように、ものごとは運動し、発展していくのです。

第4章　弁証法的なものの見方

# 第5章

# 世界の生きた姿をとらえる

## 1 なぜものごとを固定的に見てしまうのか

### 世界のあり方は弁証法的なのに

さまざまなものごとは、たがいにつながりあい影響しあいながら、たえまなく運動し変化し、しかもそのなかを発展の方向がつらぬかれています。自然でも社会でも人間の精神活動でも、世界の実際のあり方は、明らかに弁証法的です。自然科学や社会科学が、その証明を日々つみかさねています。にもかかわらず、私たちのまわりには、ものごとを固定的に硬直的にとらえてしまうものの見方がなんと多いことでしょうか。

社会が変化しないはずはないのに、「世の中なんて変わらない」と思うことがしばしばあります。いろいろな条件や原因があってそうなっているはずなのに、「自分の努力が足りない」とあきらめさせられています。それに、「政治なんか関係ない」とか、「どうせやってもムダだ」とか、後ろ向きの考え方もよくみられるところです。

このように、ものごとを個々バラバラに、固定的に見てしまうことが多いというのには、それなりの理由があります。

第5章　世界の生きた姿をとらえる

## 木を見て森を見ず

　1つには、人間の認識発展の歴史のうえに起こったのと同じ
ようなことが、ひとりひとりの認識発展の過程でも起こる、と
いうことです。つまり、ものごとを素朴に、おおまかに見てい
るだけなら、その全体像をとらえることが比較的容易ですが、
細部にまで立ち入ってこまかく調べていくと、部分と全体との
関係を見失いやすい、ということです。

　なにごとでも、はじめの段階では、目の前の事実を、素直に、
全体的に、漠然と、とらえるしかありません。それは、素朴で
おおまかですから、まちがえることもあまりないでしょう。し
かし、人間は、そうした素朴でおおまかなとらえ方だけでは満
足しなくなります。やがて、何かある特定のものごとに興味や
関心をもつようになり、それについての知識をどんどん増やし
ていきます。ところが、そうやって、ものごとについて深く知
るようになればなるほど、全体的な姿や関係がかえって見えに
くくなる、ということです。

　たとえば、森を遠くから見ているだけなら、森全体の姿は
よくわかりますが、それだけのことです。森のことをよりく
わしく知ろうとすれば、森の中に分け入らなければなりませ
ん。そうすると、木の種類や大きさ、土壌や気温その他につ
いても、いろいろなことがわかってきます。しかし、そのと
き、森全体の姿は視野から消えています。にもかかわらず、
部分的な知識だけで理解したつもりになってしまう。これを、
「木を見て森を見ず」といいます。

77

こうしたことは、人間だれしも起こることであり、さらに深く探求し、えられた知識を総合することによって、「木を見て、しかも森を見失わない」こともできるようになります。ですから、これは、人間の認識発展の途上で起こる1つの課題にすぎません。

## イデオロギー支配

ところが、もう1つの原因が重要です。それは、いまの社会で利益を得ている支配層が、自分たちの支配している社会を維持し続けていくために、ものごとを固定的に、硬直的にとらえるものの見方を、意図的にひろめている、ということです。

なぜなら、勤労大衆がものごとの原因やしくみに関心をもったり、ものごとを変化・発展のうちにとらえたりすることは、支配層にとって都合が悪いからです。それでまず、事実・現実を直視し、不合理を現実のうちに解決していこうとする唯物論的なものの見方が排除され、観念論的なものの見方がふりまかれます。同じように、ものごとの連関と発展をとらえようとする弁証法的なものの見方も排除しようとします。それで、「世の中はなるようにしかならない」とか、「現実は本質的に変わることがない」とか、「原因や法則性など考えても仕方がない」とかいった、機械論的で観念論的なものの見方が、教育やマスコミをとおして、大々的に系統的にひろめられているのです。

第5章　世界の生きた姿をとらえる

　教育に神話や道徳を復活させたり、競争教育をおしつけて
ものごとを系統的に考えさせないようにしたり、教育の影響
力はきわめて大きなものがあります。テレビをはじめとする
マスコミも、オカルトや超能力、運勢など根拠のないことを
日常的にとりあげたり、情報を操作して世論誘導したりして、
人びとの判断力をにぶらせています。こうした、非科学的な
ものの見方は、よりよい社会をめざそうという考え方から国
民を遠ざけることになるのです。

## 2　ものごとをより深く、
　　　より豊かにつかむために

　では、弁証法的なものの見方とはどのようなことか、いくつ
かの概念をとりあげて、考えてみましょう。
　「概念」というのは、ものごとやその運動・変化の過程の特
徴を、一般的・抽象的に言語で表現したものです。私たちは、
ものごとを考えるにあたって、いろいろな概念を使っています。
このテキストでも、すでに「物質」「意識」「運動」「発展」
などの概念を使って考えてきました。ものごとをより深く、よ
り豊かにつかむための手助けとなる概念として、ここでは、「原
因と結果」「現象と本質」「可能性と現実性」「偶然と必然」
をとりあげます。

79

## 原因のないものはひとつもない

　**原因**とは、何かできごとをひきおこすもののことであり、**結果**とは、それによって生じさせられたもののことです。この両者の関係を因果関係といいます。それは、あること（原因）が、かならず他のこと（結果）を生じさせる、ということであり、また逆に、あること（原因）がなければ、他のこと（結果）も生じない、ということです。

　因果関係においては、原因は結果に先行しますが、それだけでは、因果関係とはいえません。「競争してこそ成長する」とか、「基地のおかげで豊かになった」とか、よく言われることであっても、そのまま受け入れる必要はないでしょう。因果関係とは、原因が結果に先行するだけでなく、原因が結果を生み出す、という関係でなければなりません。競争がどう成長につながったのか、基地がほんとうに経済的恩恵をもたらしているのか、そうしたことが、事実にもとづいて説明できなければならない、ということです。さらに、条件が十分にそろっているなら、同じ原因から同じ結果がひきおこされることになります。因果関係は、そうした関係を十分検討したうえで判断されなければなりません。

　因果関係は、内容のうえでの連関であり、客観的に存在する関係です。この世界のものごとは、すべてなんらかの原因によって生みだされたものであり、原因のないものはひとつもありません。ですから、ものごとのほんとうの姿を知ろうとすれば、その現在の姿を把握し分析するだけでなく、それをもたらした

第5章　世界の生きた姿をとらえる

原因を探りだす必要があります。結果からさかのぼって原因を明らかにすることは、科学の重要な任務のひとつなのです。

## 現象から出発して本質に迫る

　**本質**とは、ものごとをそのものとして成り立たせている、そのもの固有の性質をいいます。それは、ものごとの背後に隠れているほんとうの姿であり、そのものごとの中身ですから、直接、感覚的にとらえることはできません。これにたいして**現象**とは、ものごとの表面に現れでた姿・かたちのことであり、感覚によってとらえられる、あらゆる事実をさします。

　私たちがものごとをとらえようとするとき、さしあたりは現象しか見えません。ところが、現象と本質はちがいます。たとえば、太陽は毎日、東から昇り西へ沈みます。これは現象です。ほんとうは地球のほうが自転しています。これが本質です。また、資本主義というと、「自由」とか「平等」とか「豊かさ」とかいったことが強調されますが、これは現象面でしかありません。資本主義の本質は、「利潤第一主義」であって、それが「競争と格差」をはじめとするさまざまな社会的問題をひきおこしています。このように、現象は、本質からはずれたり、ゆがんだり、正反対のかたちで現れたり、さまざまな姿をとるのです。

　しかし、本質は、現象として現れてこそ本質なのであって、現象しない本質などありません。ですから、現象と本質を統一してとらえることが大切なのです。現象にふりまわされること

81

なく、現象として現れでた事実をよくとらえ、その現象の原因はどこにあるか、どんな共通性があるか、どんな法則性があるかなど、現象の後ろに隠れている本質的な要素や性質を探究し、ものごとの本質の認識にまですすむことが、科学的思考においては決定的に重要です。

## 現実世界は豊かな可能性をもっている

**現実性**とは、現に事実として目の前にあることを意味し、**可能性**とは、そうなる見込みがあるが、まだ実現していないことをさします。それらは別々のことではなく、密接に関連しています。この世界のあらゆるものごとは、どれも可能性が現実性に転化したものなのですから、現実性と可能性を、つながりのなかでとらえることが大切です。

一口に「可能性」といっても、ほとんど起こりえないけれども、絶対に不可能だとはいえない、といった程度の可能性もあれば、実現する条件を十分に備えていて、かならず実現していくだろう、というような可能性もあります。たとえば、「大金持ちになるかもしれない」とか、「みんなで火星に移住したらいい」とかいった「可能性」は、ものごとがやがて現実となりうる傾向や要素をほとんど含んでいないのですから、ほんとうの可能性とはいえません。

可能性というのは、まだ現実に存在していなくても、やがて実現されて現実になりうる傾向をいうわけですから、ほんとうの可能性には、そもそも現実性が萌芽として含まれていなけれ

第5章　世界の生きた姿をとらえる

ばならないのです。現実的可能性は、ものごとの発展の客観的傾向・法則性・必然性とむすびついています。本質と現象を統一してとらえることによってこそ、現実のなかにひそんでいる変革の可能性や、その可能性を現実のものにするための条件もしっかりとらえることができます。

## 偶然をつらぬいて必然がある

**必然**とは、かならずそうなる、そうなる以外にありえない、ということであり、**偶然**とは、たまたまそうなる、そうなることもあればそうならないこともある、ということです。必然と偶然は、まったく逆のことのようですが、たがいに排除しあうものではなく、必然も偶然も、ものごとのなかに客観的に存在している2つの側面です。

必然というのは、さまざまな現象に含まれる本質的連関にねざしていて、一定の恒常的な傾向を意味します。しかし、現象のなかには、このような内的で本質的な連関だけでなく、外的で副次的な連関もあります。それが偶然です。ですから、ものごとは、多くのさまざまな偶然をともないながら、そのなかを必然がつらぬいている、ということになります。

世の中のできごとはすべて必然であり、偶然と思われるのは、そのできごとの原因をわれわれが知らないからだ、という考え方もあります。逆に、世の中のできごとはすべて偶然であり、必然性などないからこそ人間は自由なのだ、という主張もあります。しかし、すべてが必然なら、人間の意志は働きようがな

83

いわけですから、世の中はなるようにしかならず、努力しても
どうにもならない、ということになってしまいます。また、人
間には自由はなく、善意も責任も成り立ちません。逆に、すべ
てが偶然なら、どんなできごともたまたまに起ったことですか
ら、やはり、私たち人間にはどうしようもない、ということに
なります。

　人間のなすことはすべて偶然で、必然など存在しないとみる
のも、必然だけを認めて「宿命論」にみちびくのも、ともに誤
りです。一見、偶然のように見えるさまざまな現象やできごと
を見逃さず、正確に把握し、分析して、そのなかにつらぬかれ
ている必然性や法則性をとらえてこそ、展望も見えてくるもの
です。


# 3　ものごとには発展の法則がある

　私たち働くものが身につけるべきものの見方は、たんにも
のごとを解釈するだけでなく、現実を変革していく力となる
ようなものの見方でなければなりません。そこで、ものごと
の発展をとらえるにあたって、そのヒントとなるような3つ
の観点について考えてみましょう。

第５章　世界の生きた姿をとらえる

### 量的変化と質的変化の相互転化

どんなものにも質と量があります。**質**とは、それは何か、という問いにたいする答えであり、**量**とは、それはいくらか、という問いにたいする答えです。質だけで量のないもの、量だけで質のないものなど存在しません。ですから、ものごとの質と量をきりはなさず、統一してとらえることが大切です。

たとえば、のどが渇いたときに、「水をください」といえば、「水」という質しかさしていませんが、そこには「コップ１杯程度」という量が、言わなくても含まれています。ですから、この願いに「バケツ１杯」の水を差しだせば、それは頼んだものではない、ということになるでしょう。同様に、パンフレットと書籍、小遣いと資本金、質が変われば量が変わるし、１０人と１０万人、千円と１億円、量が変われば質が変わる、ということです。

また、ものごとの変化をみてみると、全体としての質を変えないまま、量の変化が連続的にゆるやかに一定期間つづき、それがある限界にたっしたとき、飛躍的に急激に質の変化がひきおこされ、そのあとにまた新たな質のもとでの量の変化の過程がくる、というようなことがよくみられます。このように、量の変化と質の変化が、一定の条件のもとで、たがいに他に転化することを**「量的変化と質的変化の相互転化」**といいます。これは、ものごとの連関と発展を理解する視点として大切です。

とくに、社会の発展や人間の成長などについて、努力や学習

のつみかさねといった量的変化の面と、根本的な変革・成長という質的変化の面とを、両面からとらえることが大切です。政治変革を求めて一人ひとり支持者を増やしていくが、なかなか多数派にならない。それでも地道に努力するなかから、あるとき一気に前進して、議席を得たり、制度ができたりする。そして、そのことによってまた新たな努力が求められるようになる、ということです。学習についても、はじめのうちは「何だかよくわからない」ということが続きますが、あきらめずに学習をつみかさねていくと、やがて質的変化が起こって、いままでわからなかったことが一気に理解できていく、というようになったりもします。するとまた、より深い、より広い学習への意欲がわきあがってくるものです。

## 対立物の統一と闘争 —— 弁証法的矛盾

　ものごとには、たがいに対立する２つの側面がきりはなしがたくむすびつき、１つの側面は他の側面なしにはありえない、というような相互関係をもつものがあります。たとえば、自然現象でいえば、※1作用と反作用、※2酸化と還元、生物における※3同化と異化、※4遺伝性と変異性など、さまざまなものが見られます。また、社会現象でいえば、生産と消費、需要と供給、資本家と労働者の関係などがそうです。

> ※1 **作用と反作用**　物体間に１つの力が働くときには、大きさが等しく向きが反対の力がかならず働く。ある物体が他の

第5章　世界の生きた姿をとらえる

物体に及ぼす力を作用とすると、逆に、力を及ぼした側が力を及ぼされた側から受ける、大きさが等しく向きが反対の力が反作用である。

※2 **酸化と還元**　物質の化学反応において、酸素と結びつく（広い意味では、電子を奪われる）ことを酸化といい、逆に、酸素と離れる（広い意味では、電子を与えられる）ことを還元という。ある物質が酸化されるとき、反応相手の物質は還元されている。

※3 **同化と異化**　生物が、栄養もしくは栄養源として外界から摂取した物質を、みずからの体を構成する成分に合成していく反応を同化といい、逆に、複雑な構造をもった体成分（有機物）を単純な物質（無機物）に分解していく反応を異化という。生物体内では、同化と異化の両方が平衡を保ちながら進行している。

※4 **遺伝性と変異性**　遺伝性とは、生物が、親から子に、あるいは細胞を単位にして次世代に、姿・形や性質などの形質を伝え、同じ状態を維持・再生産しようとする傾向をいう。これと反対に、変異性とは、同種の生物であっても、各個体の形質がすこしずつ異なる傾向をいう。染色体や遺伝子が変化した場合には、その突然変異は遺伝する可能性がある。

　これらの対立する要素のなかには、たがいに相手を前提とし依存しあっているというだけでなく、たがいに排除しあうものもあります。そのような関係を「**対立物の統一と闘争**」といいます。これは、世界のものごとの運動や発展の原動力をとらえ

87

る原理として大切です。

「対立物の統一と闘争」のことを「**弁証法的矛盾**」ともいいます。「矛盾」というのは、ふつうは、つじつまの合わないこと、現実にはありえない不合理などを意味します。これにたいして、弁証法的矛盾というのは、現実のなかにある矛盾です。現実のなかにあるものごとが、相互に依存しあいながら、同時に否定しあう、という関係です。

弁証法的矛盾は、現実にある矛盾ですが、やはり矛盾にはちがいありませんから、そのままでいつまでも、固定的にあり続けることはできません。だからこそ、弁証法的矛盾がものごとの運動や発展の原動力となるのです。

弁証法的矛盾は、あるものごとと外の事物とのあいだの外的矛盾としてとらえることもできるし、また、あるものごと自身の内的矛盾としてとらえることもできます。ものごとの運動や発展は、外からの力や影響によって起こることもあるし、また、そのものごと自身の本性として起こることもある、ということです。

たとえば、生物は、生物と環境とのあいだの外的矛盾によって進化がひきおこされるとともに、遺伝性と変異性という内的矛盾が原動力となって進化してきました。また、資本主義社会は、封建的抑圧や大国の支配にたいするたたかいなどの外的矛盾によって発展するとともに、資本家と労働者のあいだの内的矛盾が原動力となって発展してきました。あるいは、人間は、現実世界とのぶつかりあいという外的矛盾によ

第5章　世界の生きた姿をとらえる

って成長・発達するとともに、自分の心のうちに、「これまでの自分でいいのだ」という自分を肯定する思いと、「こんなことではだめだ」という自分を否定する思いとをあわせもつという内的矛盾によって、自分のなかに意欲や向上心がめばえ、それが原動力となって成長・発達していくものです。

## 否定の否定 ── 弁証法的否定

　では、ものごとの発展というのは、どのような姿をとって現れてくるでしょうか。

　ものごとが発展するということは、それがもとのものでなくなるわけですから、古いものがなんらかのかたちで否定されて新しいものになります。しかし、発展するためには、この否定は、たんなる否定ではなく、「否定の否定」というかたちでなければなりません。たんなる否定というのは、機械的否定であり、全面的否定であり、もとのものを破壊するだけの否定です。

　たとえば、植物の種子を畑にまいて世話をすると、やがて種子はめばえて成長し、花咲いて新たな実を結ぶでしょう。種子が種子であることを否定されてこそ新たな実りがえられるのです。これにたいして、植物の種子をふみつぶしても、種子は種子であることを否定されますが、その場合には、新たな実りがえられないのは当然です。

　ものごとが発展するためには、たんなる否定ではなく、古い質のなかにある積極的な要素がひきつがれ伸ばされ、その一方で、克服すべき要素が克服されることによって、ものごとの新

89

しい運動や発展がつくりだされていくような否定でなければなりません。これを「**弁証法的否定**」ともいいます。自然や社会の発展、人間の成長や発達を、こうした発展観でとらえていくことが大切です。

　たとえば、だれでも「いい仕事がしたい」と思います。そこでまずは、これまでの仕事、与えられた仕事を正しくやりあげるように努めます。つぎには、これまでの仕事にあきたらなくなり、新たな工夫を加えたり、効率的な手順を考えたり、自分なりの「いい仕事がしたい」となるでしょう。創造的な仕事というのは、過去の仕事にとどまらないものですから、当然、過去の仕事を否定することになります。しかしそれは、過去の仕事の枠を破るだけでなく、過去の成果をしっかりとふまえておこなわれなければなりません。過去の成果をふまえてこそ、その創造性もいかされることになります。

　また、ものごとの発展の姿をみてみると、一度否定されてできたものがもう一度否定され、古い質がくりかえされるように見えることもあります。

　人間社会の歴史が、まさにそうです。封建的な幕藩制度をうちたおして「世直し」かと思いきや、王政復古の天皇制。第二次大戦後は国民主権の日本国憲法になったはずなのに、日米安保体制のもとでのアメリカいいなり。また、社会運動での努力などにも、同じようなことが起こります。すすんだらおしかえされ、ひろがったらきりくずされ、わかったはずなのにわからなくなり、「けっきょく同じことのくりかえしに

第5章　世界の生きた姿をとらえる

すぎない」と思うこともあるでしょう。しかしそれは、たんに行ったり来たりして、もとにもどっているのではなく、ラセン階段をひとまわり昇るように、より高い段階へとすすんでいるのです。

　たしかに「天皇制」は君主制ですが、それは、あくまでも「象徴」であって、もはや国民主権がゆらぐことはないでしょう。対米従属は事実ですが、「アメリカいいなり」にたいする批判は、強まることはあっても、消し去られることはないでしょう。さまざまな運動での「挫折」も、それぞれの経験としてつみかさねられていきます。

　このように、歴史にも、人生にも、ムダなものはひとつもありません。結果だけを追いかけて一喜一憂するのでなく、現実の具体的な展開のうちに弁証法的否定をとらえることが大切なのです。

91

第5章　世界の生きた姿をとらえる

# 第6章

# 真理と価値

## 1　真理とは何か

**真理という言葉**

　「真理」という言葉は、日常的にも使われる言葉です。「真理」と言わなくても、「ほんとうか、ウソか」「正しいか、まちがいか」といったことを、私たちはよく問題にします。また、「ほんとうのことなんかわからない」「正しいかどうかは考え方しだいだ」「ポスト真実（事実よりも感情や共感だ）」といったとらえ方もあります。

　では、「真理」とは何でしょうか。「真理の探究」とか「真理はひとつ」とかいいますから、真理があることを多くの人が認めています。しかし、「真理」という"もの"があるわけではありません。自分で勝手に「これが真理だ」と主張することはいくらでもあるでしょうが、見たり聞いたり触ったりして、感覚でとらえることのできる"もの"としての真理など、だれも見たことがありません。

　ふつう、「ほんとうかどうか」「正しいかどうか」を問題にするとき、そこには、理論的に正しいということ（真理）や、

94

第6章　真理と価値

道徳的に正しいということ（善）や、社会的・歴史的に正しい
ということ（正義）が、区別されずに含まれています。しかし、
「善」とか「正義」とかを論じる場合であっても、そのものご
とのおかれている状況や条件をそれなりに認識したうえでの
判断となるわけですから、いずれにしても、それらの基礎とな
るのは「正しい認識」ということでしょう。

## 真理とは現実と認識の一致

　唯物論は、客観的実在の本源性を認めます。自然とか物質と
か、事実とか現実とか、あるいは「客観的世界」とかよばれる
ものの存在をまず認める、ということです。そうした客観的世
界を、私たちは感覚を手がかりにしてとらえていきます。そし
て、感覚を統合して知覚し、それを記憶し、記憶と比較して認
知します。さらに、表象（イメージ）、概念、思考、想像とい
った、さまざまな意識の機能を働かせます。こうした「考える
力」の全体が認識です。

　**認識**は、客観的世界の能動的な反映です。私たちは、感覚や
知覚だけでなく、※1知性や※2理性を働かせて現実世界をあり
のままにとらえようとします。そして、こうしてえた認識がも
との現実世界と一致しているとき、この認識内容を真理といい
ます。つまり、**真理**とは、現実と認識の一致ということです。

　　※1**知性**　知るという働き。感覚によってえられた素材を、整
　　　理・総合して認識にいたる精神の機能をいう。

95

※2 **理性** 考える力。感覚の能力である感性にたいして、概念的に思考する能力をいう。

このように、真理は、"もの"としてあるのではなく、「真であること」を意味しています。この世界に存在するのは客観的実在であり、物質的存在です。つまり、自然や社会や人間が存在するのであり、それら客観的実在と、それをとらえた人間の認識内容とが一致するとき、その一致を真理というのです。これが唯物論の考え方です。その立場は、現代自然科学の真理観とまったく同じであり、ごくふつうの常識的なとらえ方でもあるでしょう。

## 観念論の真理観

「真理とは現実と認識の一致」だととらえる唯物論にとっては、真理の基準は客観的世界にあります。ところが、観念論は、そのようには考えません。観念論にとっては、世界の根源はあくまでも精神的なものです。したがって、観念論のいう真理は、精神的原理そのものであったり、主観的信念であったり、人びとのあいだの約束事であったり、ともかく、客観的世界からきりはなされたものとなってしまいます。

たとえば、宗教的なものの見方であれば、「神」とか「運命」とかいった表現をとるでしょうし、そうでなくても、「イデア」とか「絶対理念」とかいった精神的原理がそのまま「真理」とされることになります。これでは、いくら「論理的整合性があ

96

る」とか、「人の道にそっている」とか、「理性の目によって
のみ見ることができる」とか言われても、何をもって「真理」
というのか、客観的な判断基準がまったくありません。

　また、真理の基準として、「固く信じていること」とか、「多
くの人が認めていること」とかがあげられることもありますが、
それでほんとうにだれもが納得できるでしょうか。誤った信念
を固くもち続けている事例はいくらでもあるし、天動説のよう
に圧倒的多数の人びとが受け入れていたけれど、いまでは正反
対の地動説が明らかに正しい、というようなことも珍しくあり
ません。

　「真理とは何か」については、大きく意見の分かれるところ
です。しかし、真理は「人によってちがう」とか、「時代によ
って変わる」とかいった主観的なものではないはずです。もち
ろん、社会的な立場のちがいによって、ものの見方は相当変わ
りますから、同じ現実であっても、とらえ方は、人によって、
時代によってさまざまです。しかしそれは、「資本家にとって
の真理」と、「労働者にとっての真理」があるとか、「昔は天
動説が真理だった」けれども、「今では地動説が真理だ」とい
うようなことではありません。真理は、あくまでも客観性を
もつものです。現実を直視する唯物論は、真理をそのようなもの
としてとらえ、そうした客観的な真理の獲得を追求するのです。

## 真理の検証
　では、現実と認識が一致しているかどうかは、どうすればわ

かるでしょうか。物質的な現実と精神作用としての認識とは、そもそも異質のものですから、見比べようがありません。両者のあいだに立って、その一致を判定する第三者的な存在を想定するなら、それはむしろ観念論です。

　唯物論がとらえる真理の基準は、人間の実践です。人間は、自分をとりまく物質的世界のなかで生活し、労働し、さまざまな人間的活動をしています。そうした実践をつうじて物質的世界（現実）を認識し、その認識にしたがってまた物質的世界に働きかけます。そのとき、現実を正しく認識していれば、実践はなんらかの成功をもたらすし、現実を誤って認識していれば、実践はけっきょく失敗せざるをえません。こうして、人間が客観的な世界に働きかける実践をとおして、認識の正しさが検証されることになります。

　ただし、ここでいう人間の実践は、個々人のかぎられた実践とそれにもとづく狭い経験をいうのではありません。個人的な経験であれば、成功することもあれば失敗することもあるだろうし、まったくの偶然によってさまざまな結果がもたらされることもあるでしょう。しかし、多くの事例をつみかさねたり、集団的な経験であったり、客観的条件をそろえたうえでの結果（実験による検証）であったりすれば、認識が正しかったかどうかが、その実践結果に必然的に反映されるのではないか、ということです。つまり、科学的な実験や社会的な活動などの実践によって、真理が検証されていくことになります。

## 2　真理は知りうるか

### ほんとうのことがわかるのか

　真理とは、現実と認識の一致です。ところが、真理とはそういうものだということを認めたとしても、その「現実と認識の一致を確かめることが人間にはできない」、だから「人間にはほんとうのことなんかわからない」といった考え方が根づよくあります。これを、**不可知論**といいます。

　それは、1つには、人間の認識能力は不完全であるのに、真理の検証はその不完全な認識能力に頼るしかなく、それでは真理の完全な把握は不可能である、という主張です。もう1つは、自然についても、社会についても、解明がすすむにつれて、さらにわからない問題が出てきたり、未解明の課題が見つかったりしていくことになり、いつまでたっても真理を把握することはできないのではないか、という疑問です。

　たしかに、人間の認識能力は、つねに一定の限界をもっていて、不完全であり、不正確さをさけられません。ですから、人間の認識は、何ごとであっても、一度にすべてを把握することはできず、そのときどきの諸条件によって制約されています。また、科学が発達し、認識がすすんだからこそ、以前は問題にならなかったような新しい課題が出てきて、けっきょく、わからないことのほうが増えてしまう、ということもあるかもしれません。

　しかし、真理というものは、どこかこの世を超越したところ

にあるわけではなく、事実とか現実とかいうものが客観的に実在しています。認識しようとする対象はまちがいなくあるわけですから、それがどんなに複雑で難解であったとしても、時間をかけて、さまざまな角度から、いろいろな方法で観察や測定をおこない、感覚と理性を総動員して努力するなら、現実と一致した認識、すなわち真理に接近していけることはまちがいありません。

　また、科学が発展し認識がすすむにつれて、さらに解明しなければならない課題が出てくるということもたしかにあります。しかし、「だから、真理は認識できないものだ」ということにはならないでしょう。そうした新しい課題は、科学的な認識がすすむための原動力であり、つぎの段階で解明されていくことになります。これまでの科学の発展の歴史が、そのことを明確に示しています。つまり、未解明の問題が増えるといっても、ただ一方的に不可解な問題が増えていく、というわけではないのです。


## 相対的真理と絶対的真理

　とはいうものの、「人間は真理を完全に把握することはできない」という点を、どのように考えたらいいのでしょうか。

　客観的世界は複雑かつ深遠であり、しかも人間の認識能力にはかぎりがあります。ですから、私たちが把握している真理は、歴史のある段階でえられた、特定の対象の、特定の部分についての、また特定の条件のもとでの不完全な真理、すなわち「相

100

対的真理」にすぎません。私たちの認識は、どんなに深まりひ
ろがったとしても、最終的な永遠不変の、究極的で完全な真理、
すなわち「**絶対的真理**」には、けっして到達しえない、という
ことです。

　しかし、相対的真理だからといって、それは、程度の低い、
粗雑な、あやふやな認識でしかない、ということではありませ
ん。相対的真理は、条件付きの、不完全な真理だとはいえ、た
んに主観的なものではなく、客観的な現実世界をそれなりにう
つしとったものであり、その歴史的時点においては、人知を総
合した最高の知識でもあります。そこには、一定の条件、一定
の範囲で、まちがいなく正しい認識、すなわち絶対的真理が含
まれています。

　たとえば、「地球は丸い」といいますが、正確には「楕円体」
です。さらに、重力の働き方を考慮すれば「洋梨型」だといわ
れます。では、地球が球体であること、あるいは楕円体である
ことは、まちがいだったのかというと、そうではないでしょう。
地球の形にかんして、人間の感覚のレベルでいえば、「球体」
であることはまちがいないし、極半径と赤道半径の厳密な比較
というレベルでは、「楕円体」であることもまちがいありませ
ん。そして、人工衛星の軌道といった、地球重力の働き方の微
妙な違いが問題となるようなレベルでは、わずかな強弱も考慮
する必要があって、「洋梨型」と表現されるだけのことです。
これは、地球の形にかんする人間の認識がそれだけひろがって
きたということであって、「球体」とか「楕円体」とかいった

101

認識が全面的に覆された、というようなことではないのです。そこには、「一定の条件、一定の範囲」ではあっても、まちがいなく正しい認識が含まれています。このように、相対的真理は、いくらつみあげても絶対的真理になりえないというようなものではなく、そのなかにはじめから絶対的真理の要素を含んでいるのです。

　個人の認識はつねに相対的真理にとどまらざるをえないし、人類全体としての認識も歴史的な制約を受けざるをえません。しかし、人間は、長年にわたる認識活動をとおして、「絶対的真理の粒」としての相対的真理をつみかさねてきました。相対的真理を単純に不十分・不完全なものとみて、「人間にはほんとうのことなんかわからない」とするのではなく、一歩一歩着実に真理を獲得してきたことに確信をもつことが大切です。同時にまた、これまでの認識を絶対化することなく、私たちのとらえている真理は相対的真理であることを忘れず、つねに現実を正しく把握していこうと努力し続けることこそ大切なのです。


## 3　不可知論をどうみるか

### 感覚的経験の重視から不可知論へ

　不可知論は、ロック、バークリ、ヒュームを代表者とする、

第6章　真理と価値

イギリスの伝統的な経験主義に端を発しています。

　イギリス経験主義というのは、１７世紀から１８世紀にかけて展開されたブルジョア哲学で、早くからイギリスで発達した資本主義的生産様式からくる要求にこたえて、科学や技術、その方法を探究するものでした。それは、伝統的な宗教的世界観にたいして、観測・測定・実験などによる感覚的経験の意義を強調しましたから、当然のこととして、科学的で唯物論的な思考へとすすみました。ところが、経験主義には、もうひとつの道がありました。同じように感覚的経験を重視しながら、「経験がすべての認識の源泉である」と主張することにより、抽象的な思考や理性的な思考を軽視または否定するものとなっていったのです。

　バークリは、観念が感覚にもとづいて生まれることを認めながら、その観念に対応する物質、すなわち客観的実在を否定し、「存在するとは知覚されていること」として、主観的観念論を唱えました。たとえば、私たちが「サクランボ」と認識するのは、あの赤い色・丸い形・柔らかさ・みずみずしさ・甘酸っぱい味などの観念がいつもいっしょに観察されると、それらをあわせて「サクランボ」とよぶだけで、「サクランボ」という実体があるわけではない、というのです。

　さらに、ヒュームは、実体だけでなく精神もあわせてその存在を否定し、あらゆるものは「観念の束」であり、観念以外には何もない、としました。私たちが感覚や観念をもつことはまちがいありませんが、それが客観的世界と対応していることを

103

否定するのですから、「現実と認識の一致」はそもそも問題になりません。これが不可知論です。

不可知論には、ヒュームのような、「感覚や観念以外には人間は何も知りえない」とする立場と、のちの※カントのような、「意識から独立した物自体は認めるけれども、そのほんとうの姿は認識できない」とする立場とがあります。いずれにしても、不可知論は、「感覚がすべて」といいながら、その感覚にもとづく認識は人間が構成したものであって、感覚的経験の背後にある客観的実在について確実なことは何ひとつ知りえない、と主張するのです。

> ※カント　（1724〜1804年）ヘーゲルにいたるドイツ古典哲学の発端をなした哲学者。イギリス経験主義の懐疑論を克服しようとして、人間の能動的な認識の確実性を主張したが、意識によって受け取られるのは現象であって「物自体」は認識できない、とした。

## 人間の認識能力はどれくらい確かか

人間の感覚や知覚にもとづく認識は、たしかに不完全です。見まちがいや聞きちがい、勘ちがいや錯覚もよくあります。しかし、人間が認識を発展させてきた歴史を考えてみると、人間は感覚を最大限に使って、くりかえしくりかえし感覚し、認識してきました。しかも人間は、感覚だけでなく、「考える力」をもっていて、これらの能力を総合的に活用して、新たな発見をし、古い認識を変革し、全体としての認識をひろげてきまし

た。さらに、人間は、こうしてえた認識にもとづいて生産労働
をすすめ、その基礎となる科学的実験など、広い意味での実践
をつみかさねてきました。

　人間の個人的な感覚はかぎられており、それにもとづく認識
には不確かな面がさけられません。しかし、「ほんとうのこと
がわかるのか」という問題は、個人の能力について考えるので
はなく、全人類の実践をもとにして検討する必要がある問題で
す。ここで「全人類の実践」というのは、たんに「多くの人が
認めている」ということではなく、長年にわたって、認識した
ことにもとづいて生産活動をしたり、実験をしたりして、くり
かえし認識と現実とをつきあわせてきた、ということです。そ
うした結果としての認識であれば、十分信頼に値するのではな
いでしょうか。このような観点から、相対的真理の認識をとお
して絶対的真理へとかぎりなく近づいていくことができると
いう、弁証法的な真理観をつかむことが大切です。

## 4　価値について

### 何が善いか、何が悪いか

　理論的に正しいかどうかが問われる「真理」に比べて、何が
「善」か、何が「正義」か、といった問題については、客観的な基
準などまったくないかのように見えます。資本家にとって善い

ことが労働者にとっては悪いことであったり（その逆もある）、戦争の当事者たちはどちらも「正義」を主張したりしますから、「善」や「正義」は、個人的な、主観的な主張、あるいは手前勝手な屁理屈にすぎない、と感じられるわけです。

　しかし、何が「善」とされてきたかというと、たんに個人的な、主観的な判断というだけでなく、それぞれの時代の社会を維持していくのに役立つとみられる規範が「善」であり、その反対が「悪」とされてきたといえるでしょう。また、何が「正義」かということも、やはり、たんに個人的な、主観的な判断ではありません。たとえば、封建制社会では親や主人の"かたき"をとることが「正義」とされましたが、現代ではそうした個人的な報復は許されません。このように、「善」や「正義」ということも、歴史の流れ、歴史の発展方向にそって判断されることであって、「何の基準もない」ということではないでしょう。

## 価値とは何か

　私たちは、つねに、「何が善いか」「何が悪いか」といった※評価をおこなっています。このとき、「善いもの」「望ましいもの」とされる性質が、すなわち価値です。価値には、欲求の対象としての価値もあれば、好き嫌いにかかわらず実現するべき規範としての価値や、何か目的を達成するための手段としての価値もあります。また、価値評価の対象としては、「悪いもの」「望ましくないもの」とされる性質も、「マイナスの価値」として含まれます。

106

第6章　真理と価値

※**評価**　哲学上は、経済的価値の判断にかぎらず、広くなんら
かの対象について、真偽、善悪、美醜、有用性などの観点か
ら、その価値を決めることをいう。

　価値とは、まず、人間の生存を保障し、生活を充実させ、人
間自身が成長・発達していくために欠かせないものの必要性・
有用性のことです。これが、すべての価値の基礎となります。
また、価値は、人間の幸福の実現にとって役立つものであり、
人間が理想として追求するものでもあります。

　価値は、人間と自然や社会の対象との関係において成立する
ものであり、人間にとって「善いもの」「望ましいもの」です。
したがって、基本的には、人間の欲求や感情、美意識などの主
観的なものにもとづいて評価されます。しかし、だからといっ
て、人間の意識によってすべてがきまるというわけではなく、
やはり、客観的な基準はあります。人間によってその「善さ」
が自覚されていない価値も存在するし、人間の意識としてはプ
ラスの価値であっても、それがむしろ害（マイナスの価値）に
なることもあるのです。

　たとえば、地球をとりまくオゾン層は、その破壊の危機によ
って、人びとにその存在を知られるようになる前から、紫外線
を防いで陸上での生物の活動を可能にしていた（価値をもって
いた）し、逆に、※フロンガスは、無害で変性しない理想的な
素材（プラスの価値）とされていたのに、いまでは環境破壊の
元凶（マイナスの価値）であることが明らかとなりました。

107

※**フロン**　フッ素・炭素・塩素の化合物であるクロロフルオロカーボンの日本での通称。無色無臭の気体または液体で、無毒・不燃性の安定した物質。冷蔵庫やエアコンの冷媒、半導体など精密機器の洗浄剤、スプレーの噴射剤などに用いられてきたが、成層圏でオゾン層を破壊することが判明し、1995年には生産・消費を停止した。

## 人間らしく生きるための価値観

　価値は、いくつかの種類に分けて、とらえることができます。

　①自然的・物質的価値 ── 自然環境、資源、食料、住居、衣服、労働手段などが価値であり、その必要性、有用性、安全性、快適さなどが問われます。

　②社会的価値 ── 経済制度、政治制度、マスコミ、教育、医療などが価値であり、その必要性、有用性、自由、平等、平和、健康などが問われます。

　③精神的・身体的価値 ── 芸術、科学、宗教、道徳、スポーツなどが価値であり、その真、善、美、神聖さ、有用性、有能性、健全性などが問われます。

　④人間的価値 ── 個人、集団、階級、民族、人類などが価値であり、その生命、人間性、人格、自由、平等、民主主義、尊厳、正義、愛などが問われます。

　このうち、④人間的価値は、それ自体が価値であるとともに、すべての価値の根拠となっています。人間的価値をめぐっては、さまざまな評価の仕方があり、そこに価値観の対立も生じることになります。たとえば、国家の支配層は、多くの人びとを犠

第6章　真理と価値

牲にする戦争に価値を見出したり、地球環境の保全には消極的であったりもするわけです。

　今日、人間が人間らしく生きるための価値観を確立することが求められています。そのためには、平和や民主主義を守り、自然環境を保全し、人間の権利を真に実現できるような、政治や経済、社会や歴史についての認識をいっそう深めなければなりません。また、生活のなかで人間関係を大切にし、自然や社会の現実をいきいきととらえる人間的な感情も豊かにしておかなければなりません。

# 第7章

# 科学的なものの見方

## 1　科学と人間性

**人間をもっと大事にしたい**

　唯物論は物質的なものを根源的と考える科学的な世界観です。唯物論をつらぬくということと、ものごとを科学的にとらえるということは、ほとんど同じ意味だといっていいでしょう。ですから、唯物論は科学的な世界観であることを強調するのですが、「現代社会では、科学や技術が発達しすぎて、環境が破壊されたり、人間らしさが奪われたりしているのではないか」とか、「人間の本質をなすものは科学や理性ではなく、むしろ、感性や感情、愛情や意志なのではないか」といった疑問がよく出されます。

　たしかに、現代社会は、科学技術が発達していて、その恩恵を大きく受けている一方で、大気汚染や水質汚濁などの公害から、地球温暖化やオゾンホール、森林破壊などの地球環境問題、さらには原子力発電所事故や核戦争の危機まで、さまざまな悩ましい問題をひきおこしています。科学技術の利用が人間生活をおびやかしているだけでなく、人類の絶滅さ

110

えもたらしかねない状況をつくりだしているのです。

　また、科学を推進している理性についても、その意義を疑わせるような事態が発生しています。理性を育てるはずの学校教育のなかで、とくに日本では、知育偏重から受験競争の激化、「学級崩壊」やいじめ、ひきこもり、自殺など、教育の荒廃には目に余るものがあります。日本の子どもたちは「思考力が弱い」とか、「主体性がない」とか、「協調性がない」とか言われ、無差別殺人や子どもの虐待、「介護殺人」など、信じられないようなことも起こっています。

　こうした状況のもとで、「世の中がおかしくなったのは科学や理性が強調されすぎたからだ」とか、「科学や理性よりも人間性や感性に暖かさや思いやりを感じる」といった意見が出されてくることになります。「科学一辺倒でいいのだろうか」「科学にも問題があるのではないか」といった疑問から、「人間をもっと大事にしたい」「理性よりも感性だ」といった主張も出てくるわけです。


## 科学と人間性は対立するのか

　哲学的には、**実存主義**が大きな影響力をもっています。[1]キルケゴールに始まって、[2]ニーチェ、ヤスパース、ハイデガー、サルトルなど、名前を聞いたことはあるでしょう。「実存」というのは、独特の使い方ですが、要は、人間のことです。人間を主体的にとらえよう、人間の自由と責任を明確にしよう、という主張です。そこから、科学に頼るな、科学は

冷たい、科学は人間らしくない……。街の書店には、こうい
う立場からの本がいっぱい並んでいます。

> ※1 **キルケゴール**　（1813〜1855年）客観的真理は問題では
> なく、個人が主体的にその内面において全情熱を傾けうるも
> のこそが真理だ、と主張した。

> ※2 **ニーチェ**　（1844〜1900年）現代文明のゆきづまりのな
> かで、哲学も道徳も宗教も権威を失った、「神は死んだ」と
> いい、そこから自分が絶望するのではなく、すべてがむなし
> いのだから何をやってもよい、すべてが許される、とする「積
> 極的ニヒリズム」を説いた。

　しかし、現代社会に起こっている否定的な現象は、ほんと
うに科学や理性に原因があるのでしょうか。また、科学と人
間性、理性と感性は対立するものなのでしょうか。

　科学は、たしかに理性にもとづくものです。そこで、科学
は「理性」「冷たい」「堅い」といったイメージとむすびつ
けられます。これにたいして、もっと人間を大事にしたい、
ということで、人間性と「感性」「暖かい」「柔らかい」と
いったイメージがむすびつけられます。しかし、科学と人間
性は、そんな単純な対立関係にあるのでしょうか。

　まず、**感性**と**理性**は、どちらも人間の認識能力です。どち
らかが人間的で、他方が非人間的だ、というような対立関係
ではありません。そもそも、人間の認識は、感性によってと
らえる経験的段階から始まります。感覚や知覚を働かせて、

現実世界で起こっている現象をとらえる、ということです。そして、そうやってえられた知識や情報を、理性によって、整理・分析・総合し、抽象化・一般化して、本質をとらえていく理論的段階へとすすみます。たんなる知識や情報の羅列にとどまらないまとまった認識、現象に惑わされない本質的な認識へとすすむためには、具体的なものごとに共通する特性を見ぬいて抽象化したり、どこにでも適用できるように一般化・普遍化したりしなければなりません。そうした高度な認識能力が理性なのです。

　つまり、感性も理性も、ともに人間の認識能力であって、ものごとを正しく認識するためには、認識の経験的段階をふまえて理論的段階へとすすまなければならない、ということです。ですから、感性にもとづかない理性はありえないし、理性の裏づけのない感性は人間的な感性だとはいえません。なのに、この感性と理性を対立するかのように描いて感性を強調する。それが何をもたらすか、ここでは問題提起にとどめて、話を先にすすめましょう。

## 2　科学とは何か

### 現象と本質はちがう

　現象と本質については、第5章でとりあげました。本質は、

113

ものごとをそのものとして成り立たせている、そのもの独自の性質であり、内容・中身ですから、外からは見えません。外に出てくるのは現象です。これなら感覚でとらえることができます。

この世界は、私たちにいきなり本質を示すわけではありません。たとえば、太陽は私たちのまわりを回っているように見えます。しかし、それは現象であって、本質はちがいます。本質は、地球のほうが１日１回自転しているのです。現象と本質がちがうからこそ、科学が必要となります。偶然的にしか見えないさまざまな現象のなかに必然性を見出し、法則性を明らかにし、本質にまで迫っていくところに、科学のもっとも大切な役割があります。

社会現象でも同様です。会社に雇われて働き、約束どおり賃金が支払われたら、なんの問題もないかのように見えます。しかし、それは現象です。本質は、資本家が労働者を雇って働かせ、労働者のつくりだした富の大部分を奪い取っています。これを「※搾取」といいますが、こうした資本主義のしくみを科学的に認識しだしたのは、１９世紀マルクス以降のことです。

> ※**搾取**　生産手段の所有者が、直接的生産者からその労働の成果を取得すること。資本主義社会においては、直接的生産者である労働者には労働力の価値が賃金として支払われるが、労働力が使用される（労働する）ことによってつくりだされる価値はそれよりも大きく、その差額（剰余価値）は資

第7章　科学的なものの見方

> 本家のものとなる。こうした剰余価値のしくみは、マルクス
> によって初めて明らかにされた。

　現象と本質はちがいます。本質はそのまま表には現れません。しかし、現象として現れてこない本質などありません。ですから、現象をしっかりととらえ、そのうえで、現象を現象にとどめず、その本質を解明していきます。そして、そうやってとらえた本質から、ふたたび現象をとらえなおします。これが科学の役割だということです。


## 科学とは何か

　**科学**とは、事実にもとづいて、ひとつひとつ確かめながら、合理的な認識を獲得していく人間の活動です。

　ポイントは3つです。まず第1に、「事実にもとづいて」ということです。そもそも事実にもとづかない科学はありえません。とはいえ、事実にもとづくといっても、「たしかに見た」とか、「実際に起こった」とかいうだけでは、十分ではありません。「幽霊を見た」とか、「大発見をした」とかいう話はいくらでもあります。

　そこで第2に、「ひとつひとつ確かめながら」ということになります。事実だというだけでなく、それが実験や産業、労働、生活などの実践をつうじて検証されなければならない、ということです。すぐに検証できるときもあれば、逆に否定されて、事実の収集からやり直さなくてはならないこともし

115

ばしばです。科学は、一度できあがれば、ゆらぐことなく正しい認識を示し続けるというようなものではなく、何度も何度もやり直しながら前進してきました。

こうして科学は、事実にもとづいて、ひとつひとつ確かめられてきたからこそ、第3に、「合理的な認識を獲得していく人間の活動」ということになります。「合理的な認識」ということは、理屈や道理にあっていて、説明したり学習したりすることができ、多くの人がかならず納得できるものだ、ということです。

## 科学は理論的認識活動の全体

人間は、観測・調査・実験・実践などによってえた知識を、整理・分析・総合して概念や仮説をつくり、それを実践によって検証し、現象の客観的法則を明らかにして、ひとつのまとまった理論体系をつくっていきます。このような理論的認識活動の全体が科学です。

たとえば、天体の動きを見てみると、恒星でも惑星でも、地球を中心に回っているとしか思われません。ですから、古代ギリシアの天動説は、こうした天体の動きを円運動で説明しました。しかし実際は、地球が中心なのではなく、地球のほうが太陽のまわりを回っています。しかも、地球などの惑星は、完全な円運動ではなく、楕円軌道を描いています。そうした不規則な[※1]惑星の動きを円運動だけで説明するために、天動説は「周転円」を導入しました。そうすると、何千

116

第7章　科学的なものの見方

個とある※2恒星の動きはたった１つの円運動で説明できる
のに、日月五惑星の動きを説明するのに７０個以上の周転円
を必要とする、というような不合理さがひろがらざるをえま
せんでした。

> ※1**惑星の動き**　太陽を中心に公転している五惑星の動きを、
> 地球から観測すると、完全な円運動にはならず、ときには逆
> 行することもあって、「惑う星」とよばれる。そうした惑星
> の動きを、天動説は、円運動だけで説明するために、いくつ
> かの円運動を組み合わせる必要があった。その工夫のひとつ
> として、円周上の各点を中心として回転する小さな円を想定
> したのが周転円である。

> ※2**恒星の動き**　太陽のように、みずから輝く星が恒星であ
> る。夜空に見える星のほとんどは恒星であるが、最も近い恒
> 星でも数光年の距離にあり、それらを地球から観測すると、
> すべての恒星が無限遠の天球に貼りついているかのように
> 見える。そのため、恒星の運動は天球全体の回転という１つ
> の円運動で説明することができる。

　やがて、この不合理さを解決するものとしてコペルニクス
の地動説があらわれ、太陽のほうが地球よりもかなり大きい
とか、水星や金星はいつも太陽の近くに見られるとかいった
観測的事実に裏づけられながら、ガリレイやニュートンらに
よって地動説は完成させられました。しかし、これはまだ仮
説にすぎませんでした。「正しい理論」というものは、たん
に事実を説明するだけでなく、これまで知られていなかった

117

ことにまで適用できるものでなければならないのです。それが、１８４６年の「海王星の発見」でした。地動説にしたがってニュートン力学で計算してみると、土星よりも外に、ある大きさの惑星がなければならない、ということが推測されます。そして、その理論どおりに新惑星が発見されたことによって、地動説の正しさが検証されました。こうして地動説は、太陽系の運動を「正しくとらえた理論」と認められるようになったのです。

## 科学と現代社会

　「科学」という言葉は、「科」はそもそも、区分されたもの、個別のものをさしますから、「個別の学問」というイメージをともなっています。「科学者」と聞けば、「何が専門ですか」と聞きたくなるのも当然です。しかし、科学は、その成果としての知識や技術だけでなく、独自の理論体系と方法をもつ人間の認識活動の全体です。ですから、「科学的なものの見方」というときの「科学」は、むしろ「方法としての科学」と理解したほうがいいでしょう。

　いま、科学にたいする過信と不信という両極端の傾向が現れています。華々しく喧伝される最新科学技術と、さまざまな分野に見られる「安全神話」、これが過信です。その一方で、科学にたいする誤解と不信感がひろがり、極端な「人間主義」や、超能力や占いなどの「非科学」が大きな影響力をもつようになっています。これが不信です。

第7章　科学的なものの見方

　しかし、不信感をもたざるをえない現実は、科学そのものに原因があるわけではありません。現代社会において、科学が専門家の独占物になっていることや、科学の成果の資本主義的な利用が矛盾をひろげていること、あるいは、学校教育の非体系的なカリキュラムやテレビの視聴率至上主義が影響力を大きくしていることなどが、むしろ大きな要因なのではないでしょうか。もちろん、科学は万能ではありません。しかし科学は、集団的な議論と実践をつうじて、直接的・個人的に認識できる範囲をはるかに超えて、さまざまな問題を解明してきました。そうやって、全人類に共有される広範な認識を獲得してきたのが科学なのです。


## 3　宗教について

### 宗教を問題にするとき

　科学を尊重する立場から言うと、「こんなに科学が発達した時代に、どうして宗教がはやるのか」という疑問が出てきます。逆に、科学に不信を抱いている立場からは、「宗教によるやすらぎも必要なのではないか」という思いもあるでしょう。また、日常の人間関係の経験からは、「宗教はあやしい」とか、「宗教はいかがわしい」といった感想も出されます。

119

宗教を問題にするときは、まず、宗教に名を借りた明らか
な「疑似宗教」と、まじめな心の問題としての宗教とを区別
する必要があります。どう名乗るかということと、実際どう
いう活動や主張をしているかということは、別の問題だから
です。霊感商法などの詐欺とか、超能力や奇跡を売り物にす
るカルトとか、宗教とはいえ実態は政治的謀略団体などが、
たしかにあります。そうした「擬似宗教」については、「宗
教だからダメだ」ということではなく、事実にもとづいてき
びしく批判しなければなりません。

## 宗教とはどういうものか

　そのうえで、世界宗教といわれる仏教やキリスト教、イス
ラム教などについて考えてみましょう。

　それぞれの宗教の中身をよく知らなくても、一般論として
言えることは、これらは成立も古く、それぞれの時代におけ
る文化の到達点という側面をもっている、ということです。
その内容は、たしかに観念論的ではありますが、たんに無知
だとか、非科学的だとかいうことではなく、科学が未発達な
段階であっても世界の諸現象をなんとか理解しようとしてき
た人類の営みの成果であることはまちがいありません。しか
も、宗教は、現実の不幸や苦しみのなかで、虐げられた民衆
を救済し解放しようと努力してきました。だからこそ、民衆
の支持を受け、また、民衆への影響が大きいからこそ、初期
にはたいがい弾圧を受けています。そして、国家権力に取り

第7章　科学的なものの見方

込まれ、利用されもしてきました。

　そういう歴史のなかで、けっきょく、自己革新を重ねてきた宗教が、世界宗教として残ったといえるでしょう。自己革新できなかった宗教、民衆の支持を取り戻せなかった宗教は、歴史のなかで消滅していったということです。もちろん、みずから国家権力にすりよることによって残る宗教もあるでしょうが、それはまさに「疑似宗教」であって、事実にもとづいて批判されるべきものです

　今日、宗教的寛容の精神と信教の自由がうちたてられ、民族独立や平和運動に熱心にとりくむ宗教者や宗派は、数多くあります。他方で、宗教戦争といったものもまだまだ残っていますが、それらは遅れているだけで、やがて進歩していくでしょう。キーワードは、「寛容の精神」です。宗教の側からの寛容もあれば、宗教にたいする寛容もあります。けっきょく、「寛容の精神」にたちいたった宗教が残ってきた、ということです。私たちは、宗教を観念論的だとしてたんに批判するのでなく、まじめな宗教者たちと誠心誠意、平和のために全人類の解放のために協力していかなければなりません。


## 宗教にたいする科学的な態度

　そのために必要な、宗教にたいする科学的な態度とは、どういうことでしょうか。

　第1に、信教の自由を無条件に擁護することです。宗教は心の問題です。思想・信条の自由は無条件に認められなけれ

121

ばなりません。もちろん、宗教を信じないのも自由ですが、信仰をもたなくても、信教の自由を侵害するものには、共同して立ち向かわなくてはなりません。

第2に、政教分離という民主主義的原則を貫徹することです。歴史を見ればわかるように、宗教が本来のあり方を失っていくのは、国家権力との関係からです。政治と宗教は明確に分離する必要があります。ヨーロッパなどでは、宗教を掲げた政党もありますが、それはある種の文化であって、「政治は宗教に従属するものではない」というのが、今日の良識です。

第3に、広範な宗教者と現実の諸問題で相互理解・相互協調をすすめることです。思想・信条における対立や世界観のちがいを問題にするのではなく、現実の課題について誠実に話し合うことが大切です。実際この間、日本の社会状況や政治状況を見ても、宗教者を含めた広範な市民の協力・共同が大きくひろがっています。

こうした基本的態度は、宗教者にたいする甘言でもなければ、一時の戦略でもありません。この社会に抑圧と貧困があるかぎり、病気の苦痛と死の不安があるかぎり、宗教はなくならないでしょう。宗教者との真の協力・共同は、将来にわたって考えていくべき課題なのです。

第7章　科学的なものの見方

# 4　なぜ科学的でなければならないか

## 事実にもとづく開かれた体系

　科学というのは、事実をひとつひとつ徹底的に調べながら確定させてきた認識です。たんなる思いつきや希望・願望、空想・妄想よりも、はるかに正しいことはまちがいありません。ですから、「科学的」というとき、「正しい」ということがまず前提となります。しかし、「正しいから大事だ」ということではなく、科学は「事実にもとづく」という点がとくに重要です。

　1つには、科学は、事実にもとづく**「開かれた体系」**だということです。同じひとつの事実を見ても、人によってとらえ方はさまざまです。意見のちがいや対立も当然生じます。しかし、事実にもとづく議論であれば、だれでも参加できます。ひとつの事実をどう認識するかは、人によってちがいます。それでも、科学的な立場であれば、どちらがより事実を正しく認識しているかという基準がありますから、いっしょに議論できるということです。

　ところが、非科学的な集団は、意見のちがうものを排除します。あるひとつの「真理」なるものを信じる者しか受け入れません。そこへ事実にもとづく議論をもちこもうとしても、排除されるということです。これにたいして、科学的な姿勢の人たちは、意見のちがいをむしろ歓迎します。意見はちがってもおおいに議論しよう、議論することこそ大事だ、とい

123

うわけです。

　しかも、みんなで到達した認識に仮にまちがいが含まれていたなら、集団的な実践と議論をとおして、やがてまちがいはただされます。はじめからすべて正しいわけではないけれども、事実にもとづく集団的な実践と議論は、かならず正しい方向に向かうということです。

　「開かれている」というのは、議論に参加できるというだけでなく、議論の結果としての認識の到達点自体が閉じていない、修正も可能だし、発展もしていく、ということです。

## 事実にもとづく合理的な認識

　もう１つは、科学は、事実にもとづく**「合理的な認識」**を与えるものだということです。合理的とは、理にかなっているということですから、すじみち立てて説明できるし、聞いた方も納得できます。科学的な認識は、全人類的な成果ですから、たいがいけっこう難しいものです。しかし、科学においては、「それはなぜか」と問うことが許されます。「問う」というのは、人に聞くというだけでなく、自分で調べるということも含めてのことです。科学的な認識であれば、何を聞かれても説明できるし、どんな疑問も調べることができます。事実にもとづく理由もあります。ですから、はじめは難しくてわからなくても、いずれはだれでも納得できるようになっていく、それが科学です。

　しかも、だれもが納得できるものですから、いますぐには

124

第7章　科学的なものの見方

認められなくても、やがてかならず、多くの人が認めるように
なります。たとえば、１６世紀、コペルニクスは「地球が
回っている」といいました。宗教的権威に裏づけられた天動
説があたりまえの時代ですから、だれもそれを認めない。し
かし、事実にもとづく議論は止めることができません。地動
説を支持する人はしだいに増えていき、ガリレイ、ケプラー
をへて、ニュートン力学の完成です。いまや、地球が回って
いることを認めない人はいません。

　科学的な認識は、常識に比べれば相当深い認識ですから、
簡単には理解されないこともしばしばあります。まともな主
張ほど、なかなか世間では認められないものです。しかし、
事実にもとづく議論は止められません。事実にもとづくかぎ
り、かならず納得する人が増えていくということです。逆に、
非科学的なものは、一時的に多くの人がひきつけられたとし
ても、かならず現実との矛盾を引き起こしますから、やがて
後退せざるをえないのです。
科学的であるためには、つねに事実・現実から出発し、つね
に集団的な議論と実践がもとめられます。なかなかたいへん
です。しかし科学は、事実にもとづくからこそ、だれもが参
加できるし、かならず合意はひろがります。まさに、科学は
民主主義なのです。

第 7 章　科学的なものの見方

# 第8章

# 人間らしく生きる

## 1　自由に生きる

### 人間にとって大切な問題

　ここまで、「唯物論」、「弁証法」、そして「科学的なものの見方」と、話をすすめてきました。それは、「自由に生きる」「自分らしく生きる」「幸せとは何か」「生きがいとは何か」など、人間にとって重要な問題を考えるにあたっても、「ものの見方・考え方」の根本からおさえ、自分の世界観を確立していくことが大切だ、と考えるからです。

　人間は意識をもつ存在です。意識が人間を特徴づけています。ですから、「意識を大切にしたい」と思うのは、当然のことです。そこから、唯物論にたいする誤解や反発が生まれます。唯物論は、物質的世界の根源性を主張し、意識を物質的世界に従属したものとみている、これでは人間の主体性がないではないか、もっと自由に生きたい、もっと自分らしく生きたい、というわけです。

　しかし唯物論は、けっして意識を軽視するものではありません。物質的世界の根源性を明確に認めたうえで、意識は物

128

第8章　人間らしく生きる

質的世界の能動的な反映だととらえるのが唯物論です。そして唯物論は、現実の生活、あるいは客観的現実との関係のなかで、意識の能動性を正しく理解し、意識の能動性を正しく発揮させようとするものです。

こうした観点から、ここまで話をすすめてきました。そこで、いよいよ「人間らしく生きる」という大問題にきりこんでいきましょう。

## 自由とは何か

人はだれでも「自由に生きる」ことを望みます。「**自由**」というのは、ふつう、妨げられないこと、束縛や強制のないこと、あるいは、勝手気ままな様子などをいいます。しかし現代では、それだけでなく、自由は、もっと積極的で具体的な意味で使われるようになっています。「[※1]人身の自由」や「[※2]精神の自由」はもとより、「[※3]生存の自由」や「[※4]民族の自由」などが、長年にわたる無数の人民のたたかいによって実現されてきました。古代における奴隷たちの反抗や逃亡から、中世封建農奴の蜂起、近代都市市民の抵抗、そして現代の労働運動・市民運動まで、さまざまなたたかいがあって、その結果として、さまざまな自由が獲得されてきたのです。

　　　[※1]**人身の自由**　法律上の手続なしに、かつ正当な理由なく、逮捕・拘禁・処罰などを受けることのないこと。

　　　[※2]**精神の自由**　精神的活動にかんする自由権をいう。思

想・良心の自由、信教の自由、言論・出版・集会・結社などの表現の自由、学問の自由などがある。

※3 **生存の自由**　すべての国民が健康で文化的・人間的な生活を営む自由。国家にはそれを保障する義務があるとする生存権につながる。

※4 **民族の自由**　各民族が、自国の社会制度や政治制度を自主的に選択する自由や、外交・軍事・経済問題で民族主権を行使する自由をいう。

　まず、自由とは、「束縛されないこと」にはちがいありませんが、それだけでは現実味がありません。なぜなら、人間は自然や社会とまったくかかわりをもたずに生きることはできないからです。自然や社会とかかわるということは、その自然や社会と無関係にはおられない、そういう意味でいえば、「何ものにも束縛されない」というようなことはありえないのです。

　また、「勝手気ままに生きる」というのも、ほんとうの自由とはいえないでしょう。会社にしばられ、時間にしばられ、人間関係にしばられ、「そんなのはイヤだ」というのであれば、会社なんか辞めてしまえばいいのです。でも、仕事がなくなって、住む家もなくなって、将来の夢も希望ももてず、それでも「勝手気ままな自由だ」と思ったところで、どれほどの意味があるでしょうか。私たちが問題にする自由は、「人間らしく生きたい」とか、「自分らしさを発揮したい」とかい

第8章　人間らしく生きる

った、人間の基本的な要求に根ざしたものでなければなりません。ですから、自由というのは、人間性や個性といった問題とあわせて検討しなければならない問題なのです。

## 人間はしばられている

では、人間は人間であるかぎり、自然や社会の法則に拘束されないわけにはいかない、という問題について考えてみましょう。

人間は、空気や水がなければ生きていけません。食べ物や住居も必要でしょう。夏の暑さや冬の寒さ、日照りや暴風雨からも逃れられません。人間は、そうした自然条件に拘束されています。また、人間は、空を飛ぶことも水に潜ることも、自由にはできません。「鳥のように自由に空を飛びたい」とどんなに強く思ってみても、ただ屋上から飛び出したのでは、無残な結果が待っているでしょう。「魚のように自由に泳ぎたい」と思っても、人間は水中では呼吸ができないという事実からは逃れられません。人間は、空を飛ぶにも水に潜るにも、自然法則に拘束されていて、まったくの自由にはならないのです。

自然だけではありません。社会のなかで、好き勝手に自分の望みがかなうことはないし、歴史の大きな流れには逆らうこともできません。そもそも生まれる家を選べないし、学校にしても職業にしても、選択の範囲も実現の可能性も限られています。また、歴史に名を残した英雄であっても、歴史の流れにそって行動したから成功したのであり、歴史の流れに

131

逆らうものは敗れ去っていきました。社会の法則については、第9章で取り上げますが、人間は、社会の法則にも、まちがいなく拘束されています。

## 自由と必然性

しかし、そもそも自由と必然性は対立するものなのでしょうか。

人間は、「自由に生きる」ことの第一歩として、自然の脅威からのがれ、自然をつくりかえながら、生活や文化を築いてきました。自然をよく観察し、自然の法則を正しく認識し、自然の法則をうまく利用することによって、多くの成果を残してきたのです。

たとえば、天体の動きをよく観察し、その周期性が認識されたからこそ、方位を知り、暦を作ることができました。お昼ごろに太陽がいちばん高くなる方角が南で、その逆が北です。そして、太陽の運行から「冬至」や「夏至」を認識し、そこから「1年」という概念も生まれたことでしょう。こうしてとらえた方位を利用して航海し、暦を利用して作物をうまく育ててきました。

また、空を飛ぶためにも、水に潜るためにも、重力の法則をはじめとする自然のしくみをよく理解し、自然の法則性をそれぞれの目的のためにうまく利用し、適切な道具（飛行機や潜水装置など）を作って、人間の自然にたいする自由度を高めてきたのです。

132

第8章　人間らしく生きる

　社会や歴史についても同じことがいえます。社会的な抑圧や不合理があれば、やがて人間は抵抗するでしょう。逃げたり、壊したり、暴れたり……。でも、そうした自然発生的な抵抗だけでは、社会的な抑圧から解放されることはほとんどありません。その抵抗が一定の成果をあげ、抑圧から解放されるためには、その抑圧が生じる必然性がどこにあるか、それがどのような法則性にもとづいて現れてくるか、といったことを見ぬかなくてはなりません。そのうえで、その抑圧をとりのぞく条件がどこにあるかを明らかにし、そうした認識にもとづいて自覚的な活動をすすめていくなかから、展望も開かれることになります。

　実際の歴史をみれば、近代市民革命における「人権宣言」や、憲法によって国家権力を制限する「立憲主義」、労働時間を制限して人間の自由な時間をつくりだした「工場法」などが、社会の認識とそれにもとづく実践のなかからうちたてられてきたことがわかります。

　このように、自然や社会の必然性や法則性を正しく認識することが、人間の自由を実現する基礎となっています。自然についても、社会についても、人間が客観的な法則性・必然性を認識する度合いに応じて、人間の自由の程度や範囲が規定されるのです。

133

## 2　自分らしく生きる

### 自分とは何か

　人はまた、「自分らしく生きる」ことを望みます。「個性的に生きる」といってもいいでしょう。ここでいう「自分」とか「個性」とかいうのは、2つの面をもっています。1つは、英語では「アイデンティティ」といいますが、「私は私である」という自己意識や、その主体性、独自性などを意味します。もう1つは、英語では「パーソナリティ」といいますが、その人自身の性格や人格、人間的魅力などを指しています。この2つの面を合わせて、だれもが「自分らしく生きたい」「個性的に生きたい」と思うわけです。

　ところがいま、競争と選別が強調される社会にあって、「なんとしても勝ち残りたい」とか、「自分を認めてほしい」とかいった、「自分」をおしだす思いが強くある一方、「他人と比較されたくない」とか、「あまり目立ちたくない」とかいった、「自分」をおさえる思いも、多くの人が抱いています。なんといっても、勝敗や成績や評価へのこだわりが社会全体に蔓延しています。その一方で、ひきこもりや「※ニート」がひろがり、「ＫＹ（空気読めない）」とかいって、まわりに合わせることが強要される風潮も目立っています。どうして、こうした相反する傾向がともに出てくるのか。それは、どちらも、いま「自分らしさ」を確立することが難しくなっている、というところからきているのではないでしょうか。つ

134

まり、他人との比較のなかでしか「自分」を確認することができない、他人との関係を切り離すことでしか「自分」を主張できない、その両方が現れているということです。

> ※ニート　Not in Education, Employment or Training の略。イギリスの労働政策のなかで出てきた用語で、就学・就業・職業訓練のいずれも受けていないことを意味する。イギリスでは支援の対象として取り上げられたが、日本では「自己責任」を果たさないものとして批判的に使われている。

## 自分らしさとは何か

まず、「自分」とは、どういうものでしょうか。

「自分がここに生きている」というのは、たしかなことです。しかし「自分」は、たったひとりで生きているわけではありません。親がいて、家族があって、社会があって、だれかがどこかで生活に必要なものを生産してくれていて、「自分」もまた社会の一員としてなんらかの役割を果たしながら生活しています。つまり、人間は、社会的関係のなかで生活し、労働し、物質的にも精神的にも、自己形成をとげてきたのです。

ということは、「自分」というのは、あくまでも、「社会的な存在」です。まわりに「他人」がいるからこその「自分」であり、社会とかかわってこその「自分」なのです。どこかの離れ小島にひとりで住んで、そこで「自分らしさ」を主張しても無意味なように、社会とのいっさいのかかわりをぬきにして、「自分らしさ」は成り立たないといえるでしょう。

ですから、「自分らしさ」というものは、たしかに他人と区別されるものですが、たんに「他人とちがう」というだけではなく、「みんなと同じ」という基盤のうえにこそ成り立つものなのです。

　「他人とちがう」というだけなら、政府や財界も、そういいます。「個性を尊重せよ」「できるのも個性、できないのも個性」だとかいって、選別教育をすすめています。「多様な雇用」「働き方はひとりひとりちがっていい」とかいって、低賃金・非正規雇用をひろげています。しかし、ほんとうの個性尊重は、人間らしく生きるために必要な「みんなと同じ」という条件がなければなりません。つまり、すべての子どもたちに基礎学力を保障したうえで、それぞれの個性に応じた多様な進路を選べることが、ほんとうの個性尊重であり、すべての労働者に健康で文化的な最低限度の生活を保障したうえで、それぞれの特性と条件に応じた多様な働き方が可能になることが、ほんとうの個性尊重ではないでしょうか。

　「自分らしさ」というものは、他人との比較や競争のうちに形成されるのではなく、「みんなと同じ」という基盤のうえにこそ成り立つものです。それは、ひとりひとりを尊重するような仲間との共同のなかにこそ見いだされ、人間らしい社会生活のなかでこそ育つものだといえるでしょう。

## 意志の自由
　「自分らしく生きる」という問題とかかわって、人間が自

第8章　人間らしく生きる

分で自分の意志や行動を決定する「**意志の自由**」という問題
も大切です。

唯物論は「物質的世界がまずある」という立場ですから、
単純にいえば、「意識は物質的世界に従属している」という
ことであり、「人間には意志の自由はない」ということにな
ります。これを批判して、観念論は、外部の客観的世界から
何の制約も受けずに働く「意志の自由」を主張します。しか
し唯物論は、何ものにも制約されず、独自に決定するような
「意志の自由」はありえない、と考えるのです。

意志の自由とは、ことがらについての知識をもって決定す
る能力にほかなりません。人間は、自然や社会の法則からは
逃れられないとしても、自由な意志の範囲というものは、か
ならずあります。毎日何かを食べなければ生きていけません
が、何を食べるかは自分で選ぶことができます。何か仕事をし
なければ暮らしていけませんが、どんな仕事をするかは自分
で決めることができます。こうした人間の意志の自由がほん
とうにいかされるためには、やはり、自然と社会の法則をよ
く知らなければなりません。ただ、「やりたいようにやれ」
「ともかく自分で決めろ」というだけでは、何をやっても、
何を決めても、その結果に責任がもてないし、期待もできな
いでしょう。

人間が、自分の行動にかかわることがらについて、しっか
りとした認識をもち、現実のさまざまな可能性のなかから、
もっとも価値ある可能性を選び取り、それを実現しようと決

137

断する。ここに、ほんとうの意志の自由があり、そうであってこそ「自分らしさ」も発揮される、ということではないでしょうか。


## 3　競争について考える

### 競争が進歩をもたらすのか

　人間は社会的な存在です。第1章でみたように、共同労働が人間を人間にしたのであり、人間はみんなのなかにあってこそ人間になるのです。ですから、人間には共同がふさわしい、ということになります。いま切り崩されているとはいえ、「学校には3つの喜びがある」と言われてきました。「学ぶ喜び、遊ぶ喜び、助け合う喜び」です。学ぶだけなら家でもできる、学校だからこそ友達と遊べる。しかも、勉強でも遊びでも行事でも、みんなで助け合ってがんばります。これが本来の学校です。子どもたちの話だけではありません。今日、どんな仕事も「チームワーク」として行われているし、「ボランティア活動」とか、「一点共闘」とかいった話もよく聞くところです。つまり、人間には「共同」がふさわしいのです。

　ところが、現実の生活のなかでは、「競争は人類普遍の原理」だとか、「競争のない社会は活力がない」とか、「競争こ

138

そが進歩をもたらす」とかいったことが、あたりまえのように語られています。「自分もそう思う」ということもあるでしょうし、なんとなく「そんな気がする」とか、「期待を感じる」とかいったこともあるでしょう。

資本主義が競争を基本原理としていることはまちがいありません。いまや競争は、労働者どうしの競争や企業どうしの競争はもとより、教育や子育てから文化・スポーツまで、あらゆる場面にもちこまれるようになっています。

実際のところ、競争は私たちに何をもたらしているでしょうか。労働者は、競争によって、職を奪われ、賃金を引き下げられ、長時間過密労働を強いられています。また、多忙化の結果として、労働組合への団結や社会活動への参加を困難にさせられています。子どもたちは、過度に競争的な教育によって発達がゆがめられ、学力もかえって低下しています。スポーツも文化も、勝敗や成績にこだわるあまり、本来のあり方がゆがめられています。「生活保護受給者をどれだけ減らすか」といった福祉の切下げ競争や、「ムダを省く」という名目での行政の安上がり競争まであります。

## 競争とはどういうことか

とはいえ、「競争があるから励みになる」とか、「競争してこそ成長する」といった主張を、簡単に否定することもできません。「敵対的な競争はよくないが、切磋琢磨する競争なら認めるべきだ」とか、「勝ち負けや選別のない、安心して競

争できる社会をつくろう」といった主張には、説得力さえあります。さまざまに語られる「競争」について、私たちはどう考えたらいいのでしょうか。

　まず、「競争」とは何か。**競争**とは、優劣をたがいに競い争うことです。したがって、競争は相手の存在を前提としています。相手のない競争はありえないし、相手があったとしても、両者が自立していて、対等でなければ競争は成立しません。たとえば、封建制社会では、武士と農民のあいだにも、農民どうしのあいだにも、競争はなかったはずです。それぞれ"もめごと"はあったかもしれませんが、それは競争ではないでしょう。なぜなら、自己決定が可能なもののあいだにこそ競争は成り立つのであって、はじめから社会的な力関係が確定しているもののあいだでは競争にならないからです。そう考えてみると、今日いわれるような競争は、もともとあったわけではなく、資本主義の発達のなかから現れてきたものにほかなりません。つまり、競争は「人類普遍の原理」ではないのです。

　では、その資本主義とはどういうことでしょうか。資本主義は、働く人びとを土地や道具などの生産手段からきりはなしました。１６世紀ごろから、イギリスでは「囲い込み（エンクロージャー）」といいましたが、それまで農民たちが長年の習慣として使ってきた土地を封建領主が取り上げ、ヒツジを飼う牧場にしてしまいました。それで、土地を追われた人びとは、町へ出て工場に雇われて働く労働者になったので

140

第8章　人間らしく生きる

す。ほかの国でも事情はよく似たものです。なんらかのかたちで無理やり、労働力と生産手段がきりはなされ、資本主義的な生産が始まったのです。

　資本主義は、「自由・平等・友愛」を旗印にして歴史に登場してきました。生産手段（土地）からきりはなされた労働者は、「個人」として認められるようになり、「自由」を獲得していきました。その一方で、昔ながらの地縁・血縁や共同した生活はしだいに消えていきます。労働者はたがいに競争させられ分断され、人間と人間の関係が壊され、人間の人間らしさが奪われます。こうしていま、さまざまな悩ましい問題が起こっているのです。

　しかし同時に、資本主義は、働く人びとを封建的身分制から解放しました。どこに住むか、どんな仕事をするか、何に生きがいをみいだすか、ひとりひとりが自由で個性的な生き方を求める、という時代をつくりだしたのも、また資本主義なのです。

## 人間はなぜ進歩するのか

　それにしても、「競争してこそ進歩する」といった主張に否定しがたいものを感じるのは、なぜなのでしょうか。「競争」がさまざまな不合理をもたらしているにもかかわらず、進歩的なニュアンスをもつとすれば、それは、「人間の自立」ということとむすびついているからではないでしょうか。

　現代社会で競争が蔓延している要因は、まず、職業や資格、

141

地位といった自分のあり方を、それなりに自分で決めること
のできる世の中だということです。つまり、資本主義だから
こそ、人間の自己形成や成長が「競争」という形態をともなっ
て現れる、というところに、競争が強調される１つの要因
があります。

　しかし、それ以上に重要なことは、人びとを競争させるこ
とによって利益をあげている現代資本主義のあり方です。競
争させたほうが労働者・国民を支配しやすい、競争によって
孤立させ、分断し、不満を抑えこむことができる、というこ
とです。しかも、競争によって仕事に熱中させれば、資本の
利潤を増やすことができます。さらに、「すべてが競争の結果
だ」ということになれば、国民生活にたいして政治が責任を
負う必要もなくなります。こうした競争のおしつけを、やす
やすと受け入れていいのでしょうか。

　人間が社会的な存在だということは、人間は「発達する存
在」だということでもあります。人間は、生まれたときから
すべてが決まっているわけではなく、みんなのなかで人間と
して成長していきます。いろいろなことに興味をもち、さま
ざまなことを学びとり、それぞれ「自分」へと成長していく
のが人間です。

　ですから、人間は、もともと意欲や好奇心、向上心をもっ
て努力するようにできています。珍しいもの、未知のものに
出会った驚きが興味や関心をかきたたせ、より優れた状態を
めざして、積極的にものごとに取り組もうとするのが人間な

142

第８章　人間らしく生きる

のです。つまり、人間は、「競争するから成長する」のではなく、本来もっている人間性を発揮することによって成長するのです。

　ゆがんだ「競争」をもちこんで、人びとを分断しようとする策動にのせられることなく、競争が本来、前提とする自由や個性のあり方を、みんなで追求していくことが大切なのではないでしょうか。

# 第9章

# 社会と歴史を科学する

## 1　社会科学の成立

**社会や歴史は科学の対象になりうるか**

　人間の社会とその歴史を考えるにあたって、まず、社会や歴史に客観的な※法則性があるのか、社会や歴史は科学の対象になりうるのか、という問題があります。

> ※**法則性**　さまざまな事物や現象、また、それらの生成・発展・没落にかんする普遍的・本質的な必然的関係と、それを言いあらわしたものをいう。法則性があるなら、その関係は、いつでも、どこででも、一定の条件のもとに、かならず成りたつことになる。

　昔から、「歴史」は語られ、しるされてきました。しかし、１８世紀ごろまでは、「歴史」といっても、それは、いつ、どこで、だれが、何をしたか、という事実の記録（粉飾や虚構も含めて）にすぎませんでした。ですから、それらを整理し分析し総合して、そこからなんらかの法則性を見いだす、つまり、それが「科学」ということなのですが、「歴史」とは、そういうものではなかったのです。

144

第9章　社会と歴史を科学する

　社会は、多くの人間によって成り立っています。そして、社会を構成しているひとりひとりの人間は、それぞれ意識をもって行動しています。こうした人間によって成り立っている社会では、さまざまな個人の目的と行動がぶつかりあい、個人の意志や意欲がそのまま実現することはほとんどありません。社会は、まるで偶然に支配されているかのように見えます。

　ですから、社会とその歴史は、時代とともにうつりかわることはあっても、そこに必然性や法則性があるとはとうてい思われず、社会と歴史を科学の対象にすることはできない、と考えられてきました。むしろ、神や運命、あるいは、すぐれた指導者や政治家といった、英雄たちが社会や歴史を動かしている、とみる観念論的な歴史観がふつうだったのです。

## 社会や歴史にも発展の法則がある

　しかし、社会や歴史にも発展の法則があります。

　１８世紀になって、資本主義がもっとも発展していたイギリスで、経済の動きや商品流通の仕方に一定の法則がありそうだと考える人たちが現れ、経済学の研究が始まりました。また、１８世紀末のフランス革命のあと、革命などの社会変動は、偶然に起こるものではなく、一定の原因やメカニズムがあるのではないか、その原因を科学的に研究することは可能なのではないか、と考える人たちも現れてきました。１９世紀に入ると、ヘーゲルが「歴史の発展は自由の理念の展開

145

である」というような、観念論の立場からですが、歴史発展の法則性を主張しました。

これらの人びとの見解に学びながら、社会科学の基礎をつくりあげるのに成功したのが、マルクスとエンゲルスでした。かれらは、機械制大工業の発達したイギリスやフランスの労働者のたたかいに関心を寄せ、その分析をおこないました。そして、それまで偶然のできごとのつみかさねのように思われていた人間社会とその歴史に、発展法則があることを明らかにしたのです。

## 史的唯物論

ひとりひとりの人間には個性があり、考え方も立場もちがっていて、けっして同じ法則にそってみんなが動くわけではありません。しかし、社会が成り立つためには、まず人間が生きていなければなりません。マルクスとエンゲルスは、この事実に着目しました。人間がおこなっている生活手段の生産、すなわち経済活動の発展を基礎にして人間社会を理解しようとしたことによって、かれらは、社会の発展法則をとらえることができたのです。

社会や歴史にも発展法則があります。それは、発展の法則であって、単純にくりかえされるような法則ではなく、また、人間の実践ぬきに、自動的に実現されていくような法則でもありません。しかし、社会や歴史は、たんなる偶然のつみかさねではなく、そのもの自体の必然性をもって発展しており、

146

第9章　社会と歴史を科学する

その必然性が、人間の意識から独立して客観的に存在している、という意味では、法則にちがいないのです。このような、弁証法的唯物論の見地に立って、社会と歴史を法則的にとらえようとするものの見方を**史的唯物論**といいます。

　史的唯物論は、それまで偶然のできごとのつみかさねだと思われていた社会と歴史に発展法則があることを明らかにしました。そして、この発展法則をつかみとり、それにもとづいて社会に働きかけることによって、社会変革をすすめることができることも示しました。

　（史的唯物論では、社会の歴史を、原始共産制社会、古代奴隷制社会、中世封建制社会、近代資本主義社会の４つの発展段階に区分します。そうした観点からとらえた「社会発展のあゆみ」については、章末の補論にまとめています。）

　これにたいして、社会における客観的な法則性を認めず、なんらかの精神的なもの、あるいは、英雄たちが社会を動かしているとみる観念論的な歴史観も、いまだに大きな影響力をもち続けています。だれかある歴史上の人物に焦点をあて、その人の決断や言動をとりあげて、「そのとき歴史が動いた」と見る歴史観が、むしろ一般的かもしれません。こうした考え方になりがちなのは、「社会とは何か」ということが、十分に把握されていないからではないでしょうか。

147

## 2　社会とは何か

### 社会とは人と人とのつながりの総体

　「社会」という言葉は、だれもがよく使う言葉です。それは、たくさんの人間が、ある一定の範囲に住んでいて、なんらかの人間的活動をしている、といったイメージでとらえることができるでしょう。

　ここで大切なことは、「社会」というのは、たんなる人の群れや地理的区域をさすのではなく、人びとの生活の場だということです。そこでは、生活に必要な衣食住その他の生産がおこなわれており、生産物の分配や交換や消費がおこなわれています。そうした経済的活動がまずあって、さらに、[1]政治的活動や[2]文化的活動もあります。また、そのなかには、さまざまな集団があって、さまざまな関係がむすばれています。**社会**とは、こうした活動をとおしての、人と人とのつながりの総体なのです。

> [1]**政治**　人間集団における秩序の形成と解体をめぐる行動や現象。権力・政策・支配・自治にかかわり、おもに国家の統治作用をさす。

> [2]**文化**　人間が自然に手を加えて形成してきた物心両面の成果。学問・思想・芸術から言語・料理・服装・住宅・遊び・スポーツなど、さまざまな人間活動の成果が含まれる。

第9章　社会と歴史を科学する

　人間の生活は、衣食住の獲得・生産といった、生存に直接
かかわる物質的生活だけでなく、宗教や学問や芸術などの精
神的生活も含んでいて、そうした精神的生活が人間らしい生
活を特徴づけていることはまちがいありません。しかし、社
会が成り立つためには、まずは人間が生きていなければなり
ません。精神的生活を営むためにも、衣食住その他の生産が
順調におこなわれていなければならない、ということです。
そこには、生産のしくみがあり、そのための人間関係と生活
のシステムがなければなりません。こうした、物質的生産を
基礎とした、人間相互の諸関係の総体、それが社会です。

### 生産力と生産関係

　それぞれの社会は、バラバラな人間の集まりのようでも、
全体として見たときには、その社会の発展段階に応じた、特
定の生産の仕方というものがあります。たとえば、原始時代
には、採集や狩猟を中心に共同して働き、共同して生活して
いました。古代文明以降は、支配するものと支配されるもの、
抑圧するものと抑圧されるものといった階級関係が現れ、奴
隷制、封建制、資本主義と、生産のしくみが変化してきまし
た。

　こうした生産のしくみのもとで、人間が自然に働きかけ、
自然を人間の生活に役立つものへとつくりかえる能力を**生産
力**といいます。生産力の水準は、人間自身の労働能力と、土
地や原材料、道具や機械などの生産手段の豊かさによってき

149

まります。生産力の発展段階を、もっとも目に見えやすいかたちで示すのは、道具や機械などの生産用具です。それは、石器から金属器へ、道具から機械へ、さらに※工場制手工業から機械制大工業へと発展してきました。

> ※**工場制手工業** マニュファクチュア。手工業労働者を１つの工場に集めて協業・分業させるもの。16 世紀中ごろからイギリスで始まったものが典型。

　また、生産における人と人との関係を**生産関係**といいます。人間は、一見、ひとりで働いているように見えたとしても、衣食住の生産と分配・交換・消費をとおして、さまざまな関係でつながっています。これが生産関係です。

　人間がどのような生産関係をむすぶかは、けっして個々人の考え方によってきまるものではありません。低い生産力にはそれに応じた遅れた生産関係、高い生産力にはそれにふさわしい進んだ生産関係、というように、生産関係はそれぞれの時代の生産力の発展水準に応じて形成されます。原始時代の低い生産力のもとで、資本主義的な生産関係が成り立つはずはないし、封建制の末期には生産力が高まって、それにふさわしい資本主義的な生産関係へと移行せざるをえなかった、ということです。また、そうして形成された生産関係のもとで、その生産力が発揮され、さらに発展させられることにもなるのです。

第9章　社会と歴史を科学する

## 生産関係の核心は生産手段の所有関係

　生産関係がどのようなものになるか、その全体的な性格を根本的にきめてしまうような、重要な関係があります。それは、土地や道具、工場や機械、資源や原材料などの生産手段を、だれがどのような仕方で所有しているか、という生産手段の所有関係です。それが、生産物の分配・交換・消費のあり方や、労働の場における指揮・命令・管理の関係などに決定的な影響を与え、生産活動におけるそれぞれの人間の地位をきめる最大の要因となります。

　原始共産制社会のように、生産手段がだれのものでもなければ、つまり、生産手段が共同で所有されていれば、人びとは共同して働き、生産物は平等に分配され消費される社会になります。ところが、生産手段が私的に所有されるようになると、社会に経済的格差が生まれ、社会は、支配するものと支配されるもの、抑圧するものと抑圧されるものといった対立をはらんだものとなり、そうした利害を異にする社会的な人間集団に分かれることになります。生産手段を所有する人たちが、その所有関係にもとづいて、直接的生産者（実際に労働して生産する人びと）の労働の成果の一定部分を奪い取るようになる、ということです。こうして、社会に、奴隷所有者と奴隷（古代奴隷制社会）、封建領主と農民（中世封建制社会）、資本家と労働者（近代資本主義社会）といった対立的な関係が生まれました。

151

## 階級と国家

　**階級**とは、生産手段の所有関係における地位のちがいを基礎に、経済的活動における役割のちがいや、富を受け取る方法とその取り分のちがいなどによって区別される人間集団のことです。生産手段をもっているか、もっていないか、そのちがいによって、指示・管理する側になるか、指示・管理される側になるか、また、貢納や利潤として莫大な富を手にするか、自己生産物や賃金としてわずかな富しか手にすることができないか、などがきまっていきます。そうした経済的利害を異にする大きな人間集団、それが階級ということです。

　生産手段が私的に所有されるようになるまでは階級対立はありませんでした。つまり、階級は、人間社会に最初からあったものではなく、人間社会の発展にともなって成立した歴史的な存在なのです。

　私的所有の発生とともに、社会は階級に分裂しました。ところが、社会を支配する階級は、どの時代でも、社会の少数者にすぎません。そのため、支配階級は、武力を独占し、その強制力を背景に、階級対立を緩和し、それを一定の秩序のなかに閉じこめておかなければなりません。それが国家の役割です。

　**国家**とは、中枢に軍隊や警察などの武装集団をもち、さらに、支配と管理のための政府・官僚機構・議会・裁判所などによって、社会に支配階級なりの秩序をつくりあげる権力機構です。

第9章　社会と歴史を科学する

　しかし、階級支配をうまくやりとげるためには、国家は、武力による強制力を保持するだけでなく、あたかも社会の上に立って、社会全体の利益を表わすかのように見える「公的権力」であることが求められます。ですから、国家は、治山治水、防災防犯、教育、福祉など、社会の存続に必要な公共的機能をもつことになり、「国家は国民のためにある」ということが強調されます。それでも、国家の本質が階級支配のための権力機構であることにかわりはありません。

　そして、この国家のにない手にだれがなるか、どのような政策をとるか、どこまで自治を認めるか、といった国家権力をめぐる諸階級間の争いが、政治ということになるのです。


## 3　社会の土台と上部構造

### 土台と上部構造

　社会とは、人間関係の総体です。社会における人間関係は、多面的であり、人間の生活は、物質的生産にもとづく経済的関係や、国家権力をめぐる政治的関係、さらには、芸術・宗教・学問・教育などの文化的関係など、さまざまな人間関係のなかで営まれています。このような複雑な社会を、ただ漠然と眺めているだけでは、なかなかその本質を見ぬくことはできません。

153

そこで、史的唯物論は、複雑な社会の全体を、「土台」と
「上部構造」という概念によってとらえます。

　社会の**土台**とは、生産関係の総体、すなわち社会の経済的
構造をさします。人間の生活は、さまざまな経済的関係、政
治的関係、文化的関係のなかで営まれていますが、物質的生
産がなければ人間生活を維持することはできません。ですか
ら、そのときどきの社会のあり方を決定づけるのは、衣食住
の生産とその分配・交換・消費をとおしての経済的関係にほ
かならない、ということです。

　これにたいして、**上部構造**とは、土台をふまえ、土台を反
映しながら築かれる社会的関係、すなわち、社会の政治的関
係、文化的関係をさします。

　つまり、それぞれの社会の経済的関係がその社会の土台と
なっていて、その上に、それに見合った政治的関係や文化的
関係が上部構造として形成される、ということです。したが
って、上部構造がどのようなものになるかは、土台によって
その大枠や性格がきまってくることになります。そして、土
台が変化すれば、上部構造も遅かれ早かれ変化せざるをえま
せん。

　とはいえ、上部構造としての政治的関係や文化的関係は、
土台としての経済的関係によって一方的に決定づけられるわ
けではなく、逆に、政治的関係や文化的関係が経済的関係に
働きかけることもあります。一般的には、上部構造が土台を
強化するように働く、ということです。

第9章　社会と歴史を科学する

　また、上部構造としての政治的関係や文化的関係は、土台における階級対立を反映して、対立的なものにならざるをえません。土台において優位な立場にあるのは支配階級ですが、かれらが上部構造のすべてをおさえこむわけにはいかない、ということです。

## 現代社会はどうなっているか

　現代社会でいえば、土台としては、資本家と労働者との関係を中心に、労働者どうしの関係や、大企業と中小企業の関係、さらには※自営業や農漁民なども含めて、全体として、資本主義的な経済構造がつくりあげられています。そして、国家・法律・学校・寺社・マスメディアなどの諸制度と、それらと密接にかかわる道徳・芸術・哲学・宗教などのイデオロギーからなる、政治的関係・文化的関係が上部構造をなしています。

> **※自営業や農漁民**　同じように働く人びとのなかでも、労働者は、生産手段をもたず、資本家に雇われて働くしかない立場にあるのにたいし、自営業や農漁民は、それぞれ生産手段を所有していて、自分の小さな経営をもっている。この点で、自営業や農漁民は、労働者とは区別される。

　そこでは、土台において優位な立場にある資本家階級の利益をはかるような上部構造が形成されます。※資本の利潤追求を保障する法体系がつくられ、資本主義をあくまでも維持

155

しようとする政治制度や機関が成立しています。また、教育やマスコミをとおして、資本主義を賛美するようなイデオロギーや、大衆を社会変革から遠ざけるようなイデオロギーがひろめられています。

> ※**資本の利潤追求を保障する法体系や政治制度**　「営業の自由」を大前提とした商法や会社法などがつくられ、経済的規制法には抜け穴も設けられている。小選挙区制をはじめとする選挙制度や、各種審議会などの政治制度も、政権与党に都合のよいものとなっていて、資本家階級の利益をはかっている。

　しかし、いくら資本家階級が土台において優位であっても、土台には、資本家と労働者の関係をはじめとする、きびしい階級対立がありますから、上部構造はこれを反映して、やはり対立的なものにならざるをえません。つまり、資本家階級の思い通りになるわけではないということです。たとえば、労働者や国民の運動によって、議会制民主主義が形成されたり、労働者保護法が制定されたり、また、労働者・国民の立場に立った政党がつくられたり、民主主義や平和を実現していこうとする運動がすすめられたりしています。

　そして、これらがからみあって、激しい階級闘争がくりひろげられているのです。

第9章　社会と歴史を科学する

## 4　社会発展の原動力

### 生産力と生産関係の矛盾

　生産力と生産関係は、つねにきりはなしがたくむすびついています。生産力の発展水準が生産関係のあり方をきめ、そうして形成された生産関係が生産力を発展させてきました。

　しかし、生産力と生産関係は、いつまでも調和的な関係にあるわけにはいきません。生産力が発展するにつれて、それは古い生産関係の枠にはおさまらなくなっていきます。原始時代に、階級対立のない、原始共産制の生産関係だったのは、生産力が低かったからにほかなりません。社会の成員が共同して働いてはじめて、みんなが生きていくのに必要な物資を獲得することができました。しかし、生産力はたゆみなく発展します。農耕・牧畜が始まり、金属器が使われるようになって生産力が高まり、社会の成員が生きていくのにぎりぎり必要な分を上回る生産物（余剰生産物）が確保されるようになったのです。そうなると、原始共産制社会を成り立たせていた条件がくずれ、新しい生産関係（奴隷制）にとってかわられていく、ということになりました。

　そして、階級社会になってからも、奴隷制にしても、封建制にしても、生産力の発展とともに、そうした生産関係が生産力の発展をむしろさまたげるようになります。にもかかわらず、生産関係は、ひとたび形成されると、そのまま固定される傾向をもちます。なぜなら、生産手段を所有する支配階

157

級は、その生産関係が自分たちの利益に適合しているため、全力でそれを維持しようとするからです。支配階級は、おきてや法などのさまざまな公的強制力を行使し、宗教や道徳などのさまざまな思想を大衆に植えつけ、生産関係をうちやぶろうとする勢力を徹底的におさえつけてきました。

それでも、けっきょくは、被支配階級の反抗をおしとどめることはできません。

こうして、生産力と生産関係は矛盾におちいり、発展した生産力に見あった新しい生産関係を形成することが、時代の課題となるのです。そして、この矛盾によってひきおこされる階級闘争が、社会発展の原動力となってきました。


## 階級闘争と社会の発展

階級社会の歴史は、階級闘争の歴史でした。

階級闘争は、けっして個人的な憎悪や闘争本能などによって起きるものではありません。それは、あくまでも経済的・政治的利害の対立を根本原因とするものです。

階級社会においては、古い生産関係を代表するのは、支配階級であり、のびゆく生産力を代表するのは、直接生産にたずさわっている被支配階級です。したがって、生産力と生産関係の矛盾は、支配階級と被支配階級とのあいだの激しい対立・抗争として現れます。またそれは、古い階級と新しい階級とのあいだの対立・抗争として現れます。封建制社会でいえば、それは、封建領主階級と農民階級との闘争であり、封

第9章　社会と歴史を科学する

建領主階級と新興資本家階級との闘争でもありました。さらに階級闘争は、社会的運動や文化的運動も含めてたたかわれることになります。

こうした階級闘争には、経済闘争・政治闘争・思想闘争の３つの形態があります。

現代社会でいえば、賃金引き上げや労働時間短縮をはじめとする労働条件や生活条件の改善といった、働く人びとの経済的利益をまもるためのたたかいが経済闘争です。それは、もっとも基礎的で、日常的な階級闘争です。

また、政治に働きかけ、国家や自治体を動かして制度や政策を改良し、働く人びとの生活と権利をまもろうとするたたかいが政治闘争です。それは、やがて支配階級の手から国家権力を奪いとるたたかいへと高まっていかざるをえない階級闘争です。

さらに、経済闘争や政治闘争をすすめるためには、働く人びとが支配階級からの思想攻撃をうちやぶらなければなりません。学習と討論によってみずからの階級的利害に気づき、支配階級とたたかうための基礎理論を身につけなければならない、ということです。こうしたたたかいが思想闘争です。

階級社会の歴史をとおして、いつでもだれかが抑圧とたたかい、そうした階級闘争が原動力となって社会は発展してきました。歴史の主人公は人民大衆なのです。

159

# 【補論】　社会発展の歩み

| 原 始 共 産 制 | 奴 隷 制 | 封 建 制 | 資本主義 |
|---|---|---|---|
| 無 階 級 社 会 | 階 級 社 会 | | |

## 原始共産制社会

　人間が最初につくった社会は、原始共産制社会でした。それは、現生人類につながる※新人（ホモ・サピエンス）が現れて以来、少なくとも数万年の歴史をもっています。

> ※**新人**　化石人類は、猿人・原人・旧人・新人に区別され、形質的に現生人類と同種と判断されるのが新人である。サルの仲間と区別されるヒトがアフリカに現れたのは、およそ７００万年前と考えられているが、新人は２０万年前くらいに現れ、数万年前から世界中にひろがっていったとみられる。

　おもな労働用具は石器であり、きわめて生産力が低かったため、人びとは生産手段を共同で所有し、採集や狩猟を共同でおこないました。そこには、私有財産はなく、支配や抑圧といった対立的な関係もみられず、労働の成果は平等に分配され消費されました。労働と生活の単位となる共同体（※氏族）のなかには、性別や年齢による役割分担があり、リーダ

第9章　社会と歴史を科学する

ーもいましたが、そうした役割分担は階級というようなものではなく、リーダーも支配者ではありませんでした。もちろん、国家は存在しません。そこでは、男女のむすびつきよりも母子のむすびつきのほうが強く、父親と母親は別々の氏族に、子どもは母親の氏族に属しました。そうした血縁関係と、採集経済における女性の役割の重要性があいまって、女性を中核とした母系制社会が形成されていました。

　　※**氏族**　共通の祖先をもつ血縁集団。同じ氏族内での男女の
　　結婚を禁じる規制が広く見られる。

　それにしても、何の記録もない、何万年も前のことが、なぜわかるのでしょうか。1つには、原始共同体の時代の住居跡や墓地などに格差がないことから推定されます。社会に貧富の格差と対立が生まれた、のちの時代にみられる支配者(王)の豪華な宮殿や巨大な墳墓とのちがいは明らかです。また、神話や伝承の内容から推定する方法や、文明の遅れた地域や民族を研究する方法などがあります。いずれも、原始的な生活には格差や差別がなかったことや、むしろ女性の社会的地位が高かったことなどを示しています。

### 無階級社会から階級社会へ

　このような階級対立のない原始共産制社会が長く続きましたが、およそ1万年前になると、農耕や牧畜が始まりました。さらに、6千年前になると、金属器が使われるようにな

161

って生産力が高まっていきました。

　それまでは、共同体全体が労働の単位であり、生活の単位でした。共同体の成員が共同して働き、全員がちょうど生きていくのに必要な衣食住（必要生産物）を獲得していたのです。しかし、生産力の高まりとともに、共同体の規模が大きくなり、労働は共同体全体ではなく、夫婦を単位にして、家族に分かれておこなわれるようになっていきました。こうして、生産力が高まるなかで、必要生産物以上の余剰生産物が生みだされるようになっていきました。

　そうすると、その余剰生産物を管理する人たちがしだいに力をもつようになり、家族ごとの私有財産もできてきて、他の部族や没落した人びとを奴隷として支配するようになっていきました。また、農耕・牧畜と武力を、おもに男性が担ったことから、家族のなかでの男性の権限が強まります。そして、家族による私的所有の発達は、男性がその財産を自分の子どもに相続させるために、女性を隷属させることにつながり、家父長制社会が形成されていきました。

　こうして、社会の内部に、経済的格差にもとづく階級対立が生まれ、国家が形成され、階級社会へと移行していったのです。

### 古代奴隷制社会

　階級社会への移行は、同時に、古代文明の誕生でもありました。

第9章　社会と歴史を科学する

　5千年前くらいから、エジプト、メソポタミア、インダス、中国に都市国家があらわれ、さらに統一国家が誕生していきます。それぞれの地域によって文明の内容は異なりますが、そこには、専制的権力（王）が、共同体の成員と土地を丸ごと隷属させる体制がみられました。また、東地中海のエーゲ海域にヨーロッパで最初の文明が生まれ、ギリシア文明・ローマ文明へとひきつがれていきました。そこでは、手工業や鉱山、あるいは大農場に、大量の奴隷が使用されました。

　こうした奴隷制社会では、奴隷所有者がおもな生産手段である土地だけでなく、直接的生産者である奴隷までも、私的に所有していました。奴隷労働の強制的な使役や大規模な利用によって、生産力はさらに発展し、[※1]灌漑工事や[※2]水利工事の技術は、王の権威を象徴する建築物（宮殿や墳墓）にも応用されました。

　　[※1]**灌漑**　田畑に水をひいて土地をうるおすこと。

　　[※2]**水利**　河川その他を水上輸送の便に利用すること。

　しかし、過酷なあつかいをうける奴隷は寿命が短く、その補充や領地拡大のための戦乱がたえませんでした。また、人間的自由を奪われた奴隷は、道具を改良しようという意欲や関心をもつことができず、道具や技術の進歩は停滞するようになりました。奴隷のたえまない逃亡や蜂起もおこり、奴隷制社会の基盤が崩れていきました。

163

こうした奴隷労働による生産の衰退にたいし、奴隷制社会のなかに、働く人びとに土地を与えるかたちがあらわれてきました。それは、「土地もち奴隷」のようなもので、重い貢納や労働奉仕を義務づけられてはいましたが、働く人が自分の労働に関心をもつことのできる生産関係への変化でした。それはまた、奴隷制社会の崩壊をうながすものでもありました。

## 中世封建制社会

　つぎの封建制社会では、封建領主が土地を私的に所有し、生産労働をになう農民（農奴）は、身分制や慣習法などによって土地にしばりつけられ、労働地代（賦役）や現物地代（年貢）を課せられました。それでも農民は、奴隷とはちがって、農具や役畜などの労働手段を自分で所有し、小規模ながら自分の経営をもち、地代を納めさえすれば残りの生産物を自分のものにできました。ですから農民は、労働意欲をもち、生産技術の向上にも関心をもつことができたのです。そのため、耕作法の改良や労働用具の発明・普及、商品作物の栽培などによって、生産力のさらなる発展がもたらされました。

　封建制社会は、自給自足の現物経済を基礎としていましたが、生産力の発展は、必然的に社会的分業を発達させ、商品経済を拡大しました。手工業が発達し、商業がさかんになり、農民が余剰生産物を売りさばくようになって、現物経済の社会がゆらいでいきました。商人や高利貸が力を強め、少数の豊かな農民と多数の貧しい農民に分かれました。また、重い

第9章　社会と歴史を科学する

課税に苦しむ農民たちの[※1]一揆も頻発するようになりました。封建領主階級の側も、商品経済を認めつつ、それを支配体制のなかにくみいれ、封建制社会の危機を解決しようとはかりました。ヨーロッパで、その必要に応じて登場してきたのが[※2]絶対王政ですが、それでも、自由な商品経済を求める動きを止めることはできませんでした。

> [※1]**一揆**　近世における支配者への抵抗・闘争などを目的とした農民の武装蜂起をいう。

> [※2]**絶対王政**　君主に至上の権力を付与する専制的政治形態。ヨーロッパ近世にみられ、身分制を保存しつつ、封建的貴族領主にたいする王の統一権力が成立した。

## 近代資本主義社会

　封建制社会の崩壊とともに、農民や手工業者から土地や道具などの生産手段が強制的に奪いとられ、生産手段は資本に、生産手段からきりはなされた人びとは労働者に転化させられ、資本主義社会が成立していきました。

　資本主義社会では、生産手段はすべて資本家のものとなり、労働者は資本家に雇われて働くしか生きる道がありません。しかし労働者は、封建農民とはちがって、人格的自由を獲得していて、どんな職業を選ぼうと、どこに住もうと、何を信じようと自由です。資本主義のもとでは、それまで独立して営まれていた個々の生産労働がたがいにむすばれ、全体とし

165

てひとつの巨大な生産過程が形成されます。さらに資本主義は、産業革命によって機械制大工業をつくりあげ、その生産力を飛躍的に増大させました。

　この資本主義社会では、資本による利潤追求が最優先され、格差と貧困のひろがり、経済恐慌、環境破壊など、社会全体にさまざまな矛盾がふきだしています。これにたいして労働者・国民は、みずからの生活を守り、自由や民主主義などをかちとるためにたたかってきました。

　（資本主義社会のこれ以上の分析と未来社会への展望は、第１０章で展開します。）

　こうして人間社会の歴史をふりかえってみると、生産力の発展にともなって生産関係が変わってきたことがわかります。
　歴史は、偶然に変化してきたわけでもなければ、英雄たちの決断によってつくりあげられたものでもありません。また、古い社会を全面的に破壊することによって、新しい社会が出現してきたのでもありません。生産力や生産関係といった客観的要素の面で、もとの社会のなかに新しい社会への可能性が生まれ、それが大きく発展することによって、社会全体が変革されてきたのです。

第9章　社会と歴史を科学する

167

# 第10章
# 歴史の発展と私たちの生き方

## 1　資本主義社会はどんな社会か

### 私的所有がもっとも発達した社会

　人間社会の始まりは原始共産制社会でした。そこでは、生産手段が共同で所有され、共同した生活が営まれ、階級対立も、国家も存在しませんでした。そうした原始共産制社会が長く続きましたが、数千年前、生産力の発展にともなって、生産手段が私的に所有されるようになり、階級社会へと移行しました。生産手段の所有が共同所有から私的所有にかわり、分裂と対立をはらんだ階級社会の歴史が始まったのです。

　しかし、生産手段の共同所有や、それにともなう共同した生活が、階級社会への移行とともに、すべてなくなったわけではありませんでした。奴隷制社会になっても、村落共同体の生活様式は長く維持され、封建制社会になっても、たとえば「入会地」のような、生産手段の共同所有や共同利用は続きました。

　ところが、資本主義になると、そうした生産手段の共同所有は徹底的に打ち崩され、あらゆるものの私的所有権が明確

168

第10章　歴史の発展と私たちの生き方

化されます。そういう意味で、資本主義社会は、「私的所有がもっとも発達した社会」だということができます。それは、地球規模で拡散され、世界各地に残っていた未開地もことごとく文明化し、世界中が資本主義化していきました。

## 商品生産が全面的に発達した社会

　資本主義社会はまた、商品生産が全面的に発達した社会です。原始共産制社会はもとより、奴隷制社会でも、封建制社会でも、自給自足が原則であり、商品の生産とその売買は、生活の一部にすぎませんでした。しかし、いまや資本主義は高度に発達し、すべての生産物が商品として生産され、売買され、労働力さえも商品として売買されています。

　人間はだれでも労働力をもっていますが、労働力を商品として売るためには、その労働力をもつ人間が、自由でなければなりません。みずからがまるごと売買される奴隷や、特定の土地や職業にしばりつけられている封建農民は、自分の労働力であっても、それを売ることなどできないのです。「雇われて働く」という、いまではあたりまえのかたちは、資本主義だからこそのものなのです。

　一方、生産手段を独占的に所有している資本家は、労働者を雇って働かせ、労働の成果をわがものとします。労働者に支払われる賃金と労働者がつくりだす価値との差額が「剰余価値」となって資本家に利潤をもたらします。それが資本主義というものです。

169

## 資本主義を動かす動機と推進力

　資本主義社会は、かつて例のない飛躍的な生産力の発展と、その結果としての社会的富の急速な増大をもたらしました。こうした資本主義を動かす最大の動機と推進力は、剰余価値の拡大にあります。

　資本とは、「増殖する価値」です。資本主義的な生産過程に投じられた資本は、より大きな貨幣となって帰ってきます。この増殖分が剰余価値です。そして、その剰余価値は、また新たな剰余価値を求めて資本主義的な生産過程に投じられ、生産がさらに拡大していくことになります。まさに、剰余価値の拡大こそが、資本主義を動かす最大の動機と推進力なのです。

　労働者にとってお金は、食べ物を買ったり、着る物を買ったり、電車に乗ったり、映画を見たり、つねに何かを買うものです。働いて受け取ったお金で生活に必要な商品を買う、そのくりかえしによって、労働者の生活は成り立っています。ですから、お金といえば、遣うものであり、減るものです。

　ところが、資本家や企業はちがいます。資本としてのお金は、増えていくことに意味があります。つまり、資本の本性は、あくまでも剰余価値の拡大なのです。資本主義以前の奴隷主や封建領主も、働く人びとの労働の成果を搾取しましたが、それは、権力の象徴として、豪勢な宮殿を建てたり贅沢な生活をしたりすることが目的でしたから、富の追求にはおのずと限度がありました。しかし、資本主義は、お金を増や

170

第10章　歴史の発展と私たちの生き方

すこと自体が目的なのですから、資本による剰余価値の追求には限度がありません。しかも、競争にうちかつために、企業はつねに資本を大きくし、生産を拡大していかなくてはなりません。こうして資本は、際限のない剰余価値の拡大につきすすむことになるのです。

## 2　資本主義の根本的な矛盾

### 利潤第一主義

　資本主義社会は、商品生産が支配的な社会です。自動車がつくられ、電化製品がつくられ、おいしい食品やきれいな服がつくられ、楽しい映画や便利な交通手段が提供されています。こうした多様な商品が効率よく大量につくりだされるのは、資本が剰余価値をもたらし、それが資本家や企業にとっての利潤となるからにほかなりません。この利潤の追求が、かつて例のない飛躍的な生産力の発展をもたらしているのです。

　しかし、生産の唯一の目的が利潤の獲得であるということが、資本主義社会に大きな矛盾を生みだします。資本家は、利潤の獲得をめざして、労働者の賃金を切り下げ、長時間労働をおしつけ、労働を強化し、雇用を不安定化し、労働者を貧困においこみます。農民や自営業者を圧迫し、中小企業を

171

収奪し、公共事業を食いものにします。

こうした資本主義の特徴を、**利潤第一主義**とよぶことができます。それは、資本主義を初めから終りまでつらぬく原理であり、しかも、資本主義がすすめばすすむほど、個々の資本の行動を規定するだけでなく、社会のすべての領域を侵していく原理となります。資本主義社会では、資本は、当然のこととして利潤を追求し、もうけのためならウソもつくし、人を傷つけもします。さらに、世論を操作し、モラルを崩壊させ、環境を破壊し、その行動は未来に責任を負わないものとなっていきます。

### 生産のための生産

資本主義のもとでは、資本家が生産手段と労働力とをむすびつけることによって生産がおこなわれています。個人で仕事をすることはほとんどなくなり、労働者はみんな工場や事業所に出勤します。会社では、それぞれ役割を分担し、チームワークとして仕事をします。そして社会全体として、さまざまな企業や産業、地域、さらに国際的なむすびつきのもとで、生産がおこなわれています。このように、生産が多くの労働者のつながりによっておこなわれていることを「生産の社会的性格」、あるいは「生産の社会化」といいます。

ところが、労働の成果としての生産物は、すべて資本家のものとなります。生産手段を準備したのも、労働力を準備したのも資本家ですから、そのかぎりでは、生産物がすべて資

172

第10章　歴史の発展と私たちの生き方

本家のものとなるのは当然のことです。そして、それが資本家や企業に大きな利潤をもたらします。だからこそ、その利潤を求めて、労働者の搾取が強化され、小生産者が収奪され、中小資本が圧迫されることになるのです。

　労働者は、自分の労働の成果である生産物からきりはなされ、それをわがものとすることはありません。資本家もまた、生産物そのものを獲得することが目的なのではなく、あくまでも利潤を求めて生産させることになります。資本主義のもとでの生産は、生活のためでもなければ、消費のためでもなく、生産すること自体を目的として生産することになります。

　こうした「生産のための生産」が、生産力を大きく発展させ、大量生産・大量消費・大量廃棄の社会をつくってきました。また、資本家の目的もあくなき利潤の追求となって、莫大な役員報酬・株主配当・内部留保をもたらしています。

### 資本主義の根本的な矛盾

　資本主義社会では、一方で、多くの労働者が組織され、共同労働を基本に、社会的分業と国際的連携がひろがり、生産は極度にまで社会化されています。にもかかわらず、他方で、そうした社会的な性格をもつ生産物は、社会の共同の取得物ではなく、あくまでも生産手段を私的に所有している資本家の私的取得物とされてしまいます。そのため、資本主義は、つねに労働者の搾取を強め、格差と貧困をひろげ、国民の中の大多数である労働者の消費購買力が低くおさえられます。

173

ここから、過剰生産による※恐慌が必然的に起こることになります。資本主義は、１９世紀初めに最初の恐慌に見舞われて以来、何度も何度も恐慌や不況を経験しながら、いまだに恐慌や不況をまぬかれることができません。さらに、軍事や大型公共事業をはじめとする国家財政の私物化、金融の膨張による資本主義のカジノ化、発展途上国への貧困のおしつけ、国際的な金融投機の横行、地球規模での環境破壊などをもたらしています。

> **※恐慌**　商品の全般的な過剰生産にもとづいて起こる資本主義に固有な諸問題の爆発的・暴力的な解決のこと。過剰生産の結果、資本の再生産過程がマヒし、価格の崩落、企業の倒産、失業の増大、賃金の切り下げ、生産力の破壊、銀行とりつけ（信用不安）などがもたらされる。

　こうしたことは、資本主義のもとでの生産力と生産関係の矛盾 —— 生産力の発展とともに生産関係が生産力の発展をむしろさまたげるようになる、ということの、資本主義社会における現れにほかなりません。資本主義の利潤第一主義は、生産力の飛躍的な発展をもたらし、歴史的な積極面をもつものでもありましたが、いまや、巨大に発達した生産力と利潤第一主義の狭い枠ぐみが衝突するという、資本主義の根本的な矛盾がいよいよ明らかになっているのです。

第10章　歴史の発展と私たちの生き方

# 3　新しい社会への発展

## 新しい社会を実現する条件

　同時に、こうした矛盾のなかで、資本主義を克服し新しい社会を実現していく条件が成熟してきていることを、見逃してはなりません。

　1つには、資本主義による生産力の飛躍的な発展とその世界的な展開は、資本主義の利潤第一主義の狭い枠ぐみをぬけだすことができたなら、新しい社会への発展を保障する物質的な条件となる、ということです。

　資本主義がもたらした巨大な生産力は、人間生活を豊かに支えるのに必要な物資をつくりだすことを可能にしました。その豊かな富は、いまは、一部の先進国・大企業・富裕層に集中し、さまざまな害悪と不合理をひきおこしています。しかし、生活物資をつくりだす能力が高まったこと自体は、新しい社会に向かっての物質的条件になることはまちがいありません。

　しかも、資本主義のもとで、巨大な生産力を担う膨大な数の労働者が生み出されていることや、物質的生産力を管理していく生産・流通・消費のシステムが発達していること、さらに情報・通信・教育などのシステムがつくりだされていることが、新しい社会への可能性をひろげています。

　もう1つは、資本主義が生み出した労働者階級が、新しい社会への移行とその発展の担い手となる主体的な条件として

成長する、ということです。

　資本主義の成立とその発展とともに、人格的に自立し豊かな個性と能力をもった自由な人間自体が生みだされてきました。封建制の身分制から人びとを解放したのは資本主義なのです。

　しかも、そうして生まれた労働者階級は、しだいにその数を増やすだけでなく、現代人にふさわしい科学性を身につけます。資本家たちは、より大きな利潤を獲得するために、労働者に知識や技術を身につけさせようとするのですが、労働者のほうは、資本家の思惑を超えて、科学性をわがものとして人間的に成長していくのです。そのうえ、資本主義はかならず労働者への搾取・抑圧を強めますから、それが労働者の反撃をよびおこさざるをえません。労働者は、資本との闘争をつうじて、人間らしく生きるためには団結してたたかうしかないことを学びとっていきます。

　こうして、資本主義自体が、新しい社会への物質的条件と、社会変革をすすめる主体的条件をつくりだすのですから、資本主義はかならず新しい社会へと発展していきます。

　しかしそれは、社会が自動的に変わっていくことを意味するわけではありません。社会を変革するのは、あくまでも、「歴史の主人公」としての人民大衆です。これまでも、命と暮らしを守る運動や、平和や民主主義を実現する運動などがくりひろげられてきました。そうした社会的実践のつみかさねが、資本主義から新しい社会への移行を推進していくこと

第10章　歴史の発展と私たちの生き方

になるでしょう。

## 生産手段の社会化

　資本主義の矛盾を根本から解決するためには、経済と社会のあり方の全体を利潤第一主義から解放していかなければなりません。つまり、資本の横暴を許さない、資本の好き勝手にはさせない、ということを、政治的・制度的に徹底することです。そうした政治的変革が、利潤第一主義を社会全体として克服していくことになります。

　社会の経済活動を利潤第一主義から解放し、生産手段を社会的に所有して、高度に発達した生産力を社会のすべての構成員のために活用することが、未来社会への発展の根本条件となります。つまり、社会の根本的変革の中心は、主要な生産手段の所有・管理・運営を社会の手に移す「生産手段の社会化」にあります。

　生産手段が社会全体のものになれば、生産の目的と動機は、社会とその構成員の物質的・精神的な生活の発展へと変わるでしょう。社会全体の利益にそむき、社会の構成員に犠牲をおしつけて、企業がひたすら利潤を追求するということが、根本からなくなるのです。

　生産手段の社会化はまた、労働が本来の人間的な性格をとりもどす画期的な社会変革をもたらします。働く人びとが共同して生産手段をにぎることによって、新しい人間社会の発展を意味する社会変革が可能になるのです。

177

このような、※生産手段を社会的な所有とし、生産の成果を社会全体で活用していくような社会を「社会主義社会」とよぶことができます。

> ※生産手段の社会的な所有　ここで、社会的な所有にしようとしているのは、生産手段であって、けっして生活手段ではない。衣食住や自動車、家具などの生活手段は、あくまでも個人個人の私有財産として保障される。しかも、生産手段の社会化自体が一律のものではなく、大企業の手にある主要な生産手段は社会的な所有に移す必要があるとしても、中小企業や個人経営は長くその役割を果たし、生産手段の私的所有が尊重される部門も広く残ることになる。

## 未来社会はどんな社会か

　おもな生産手段が社会的に所有・管理・運営されるようになれば、人間による人間の搾取はなくなります。すべての人びとの生活は向上し、社会から貧困がなくなり、※労働時間の抜本的な短縮が可能になるでしょう。そうなれば、人びとは、自由になった「自分の時間」に、家事・子育て・芸術・文化・スポーツ・社会活動など、人間的な生活を多面的に楽しむと同時に、自分の能力を自由に、全面的に発達させることができる土台がつくりだされます。

> ※労働時間の抜本的な短縮　今日の日本における「8時間労働」は、所定労働時間が8時間だというだけで、多くの場合、

第10章　歴史の発展と私たちの生き方

休憩時間が除かれており、通勤時間も考慮されず、さらに残業をともなうものとなっている。その結果、1日の労働に費やす時間は8時間を大きく超えるものとなり、自由時間はほとんどなく、睡眠や休息などの生理的必要時間までが削られる、というのが実態となっている。労働時間の抜本的短縮とは、時間外労働がないのは当然のことながら、文字通りの8時間労働でなければならない。仕事中の食事や休憩は仕事をするために必要な時間であり、通勤時間も仕事のための時間にほかならない。したがって、仕事のために家を出てから、仕事を終えて家に帰ってくるまでの時間が8時間、ということになる。これなら、「1日24時間のうち、8時間は働き、8時間は休み、残りの8時間は自分のもの」となる。

　また、生産手段の社会化は、生産と経済の推進力を、資本の利潤追求から、社会全体の物質的・精神的な生活の発展に移すことになります。そのため、経済の計画的な運営によって不況はしだいにとりのぞかれ、環境破壊や社会的格差の拡大などは有効に規制されるようになるでしょう。そして、経済を利潤第一主義の狭い枠ぐみから解放することによって、人間社会をささえる物質的生産力の新たな飛躍的な発展の条件がつくりだされます。資本主義に本質的にともなう非効率・不経済・浪費が克服され、物質的生産力が、量の面でも、質の面でも、飛躍的に発展するだろう、ということです。

　そこでは、民主主義と自由をはじめとする資本主義時代の価値ある成果のすべてが受けつがれ、いっそう発展させられます。「搾取の自由」は制限され、やがて消滅していくでしょ

179

う。そうなれば、人間がほんとうの意味で社会の主人公となる道がひらかれ、「国民が主人公」という民主主義の理念は、政治・文化・社会の全体にわたって現実のものとなるでしょう。

社会主義社会がさらに高度に発展し、搾取や抑圧を知らない世代が社会の多数を占めるようになったとき、原則としていっさいの強制のない社会、国家権力そのものが不必要な社会、真に平等で自由な人間関係からなる共同社会への、本格的な展望がひらかれることになります。

こうした社会への変革は、短期間にいっきょにおこなわれるものではなく、当然、長期の過程を経たものとなるでしょう。それは、それぞれの段階で国民の合意を得ながら、一歩一歩すすんでいくということです。


## 4　歴史に果たす私たちの役割

### 歴史発展の法則性と個人の主体性

社会とその歴史には、弁証法的な発展法則があります。「法則」と聞くと、「しばられる」とか、「主体性が活かされない」とか感じることもあるようですが、歴史発展の法則性は、けっして、人間の自由を否定するものでもなければ、個人の主体性とあいいれないものでもありません。

第10章　歴史の発展と私たちの生き方

　発展の法則性は、単純にくりかえすものではないし、「か
ならずこうなる」と断言したり、「何月何日に起こる」と予
測したりすることもできません。しかし、現実にある矛盾が
原動力となって、「遅かれ早かれ」かならずこうなる、とい
う法則性があるのです。それが、弁証法的なとらえ方です。
　歴史の発展法則は、自分の意志で主体的に行動する多くの
個人の行動をとおして働きます。つまり、ひとりひとりの偶
然的で、個人的な、多様な意志や意欲を包み込み、許容しな
がら、無数の人びとの意志や意欲の総和として発現するもの
なのです。逆にいうと、社会や歴史は、個人の意志や意欲や
情熱なしには動かないのであり、むしろ、社会において個人
が主体性を発揮することこそが求められます。そもそも歴史
というものは、人間が意識的につくりあげるものではなく、
与えられた条件のなかで、それぞれの時期の客観的諸条件に
したがって提起された課題を解決しようとする個人の努力に
よってつくられていくものです。このような意味で、個人の
主体性と歴史発展の法則性は、けっして矛盾し衝突するもの
ではなく、両立するものだといえるでしょう。


## 自分を大切にする

　最後に、あらためて、「自分を大切にする」という問題を考
えてみましょう。「自分を大切にする」というのが、自分と自
分をとりまく外の世界を単純に対立させて、外の世界や他人
との関係には目をふさぎ、もっぱら自分の心の内側にだけ目

181

を向けてのことであれば、それは、ほんとうに「自分を大切にする」ことにはならないのではないでしょうか。

　まず、自分の心の内と外とは、単純に分離し対立させるわけにいかないものです。私たちは外界を能動的に反映させて、さまざまな内的な意志をもちます。また、私たちが何かをしようとする内的な意志は、外の何かに働きかけようとする、外に向かう意志にほかなりません。つまり、外があっての内であり、内があっての外なのです。

　つぎに、「自分」はあくまでも「自分」ですが、人間は「社会的な存在」ですから、「自分を大切にする」ということは、「他人を大切にする」ことと対立するものではなく、「社会を大切にする」ということにもかさなっていくものです。他人や社会を無視して、「自分だけを大切に」というのでは、たんなるエゴイズムです。これでは、社会的な共感がえられず、けっきょく、自分らしさを発揮することもできないでしょう。ですから、自分を大切にしようとするなら、他人を大切にするということや、社会を大切にするということも、あわせて考えてみる必要があります。

　「他人や社会を大切にする」ということは、同時に、社会と歴史の発展法則を大切にするということでもあります。それは、人間が長い歴史のなかでつくりあげてきた「人間的価値の尊重」といってもいいでしょう。

　人間的価値とは、自由、平等、民主主義、ヒューマニズム、あるいは、誠実、良心、愛、正義、道理、理性など、「人間

182

第10章　歴史の発展と私たちの生き方

らしさ」をつくりあげているすべてのものをさします。そうした歴史的につくりあげられてきた人間的価値を大切にしてこそ、人間らしさ、自分らしさを発揮することができるでしょう。

　私たち人間の個性が輝くのは、けっして財産や学歴や職業などによるのではありません。社会や歴史とその法則性を尊重するとき、社会や他人のために深いところで役に立つ仕事や活動ができたとき、あるいは、社会や歴史の法則性を大切にしよう、社会の役に立とうと努力しているとき、私たち人間の個性は輝くのではないでしょうか。


## 社会進歩の方向に生き方を重ねて

　いま私たちは、自分の個性、つまり「かけがえのない自分」というものを実感しにくい状況におかれています。現代資本主義の非人間的な現実のなかで、なにひとつ文句もいえない、あるいは、職を失ったり仕事が見つからなかったりして、自分らしさや人間的価値というものをなかなか肯定できない、ということになっています。また、競争させられ、分断され、孤立させられ、自分が「社会的な存在」であることが見えにくくなっています。

　そういうなかで、「どうせ世の中なんて変わらない」「自分ひとりではどうしようもない」とあきらめるのか、それとも、自分の生き方を社会進歩の方向に重ね合わせ、矛盾に満ちた社会を変えよう、新しい時代をきりひらこうとする生き方を

183

選びとり、そのなかで自分の個性を輝かせるのか、そのことがいま問われているのではないでしょうか。

第１０章　歴史の発展と私たちの生き方

## あとがき

　関西勤労者教育協会（関西勤労協）が主催する関西労働学校では、１９５５年以来、科学的社会主義の基礎理論を学べる教室をいくつも開講してきました。そのひとつに「哲学教室」があります。

　私自身は、１９９０年代半ばから「関西勤労協チューター団」として、「総合教室」や「哲学教室」などの講義を集団的に担当するようになり、テキストの検討も集団的に重ねてきました。２１世紀に入ってからは、「哲学道場」の名の月例研究会を若い人たちとともに開き、「働くものが身につけるべき世界観はどのようなものか」「現代人の課題はどこにあるか」といったことを議論し、現在の「哲学教室」のかたちができあがりました。５年前（２０１３年１１月）には、関西勤労協の総力を挙げて、『現代を生きる基礎理論』を出版しました。そこで今回、『現代を生きる基礎理論』の姉妹編ともいえる「哲学のテキスト」を書かせていただくことにしました。

　その内容は、労働者教育協会の出版物、勤労者通信大学の教科書、その他、鰺坂真先生（関西大学名誉教授・関西勤労協副会長）の著作をはじめとする科学的社会主義の理論研究書、解説書、普及書、その他諸論文などを参考に、すべて独自の検討の上に、「哲学教室」のレジュメとしてまとめてきたものです。テキストという性格上、文献をいちいち明記す

ることはしていませんが、多くの方々から学ばせていただい
たことを紹介し、お礼にかえさせていただきます。

　この間、ともに議論してきた関西勤労協の学習活動家のみ
なさん、労働学校の講義を聴いていただき、感想を寄せてい
ただいた受講生のみなさん、その他、多くのみなさんととも
に議論したからこそ、こうしたかたちで「哲学のテキスト」
にまとめることができました。ともに学んできたみなさんに、
厚くお礼申しあげます。

　また、中田進先生（関西勤労協副会長）には、今回の執筆
を勧めていただき、出版にこぎつけることができました。妹
尾典彦さん（関西勤労協理事長）には、原稿の段階で目を通
していただき、いろいろとご意見をいただきました。山中成
子さん（関西勤労協会員・画家）には、魅力的な挿絵を提供
いただきました。さらに、牧野広義先生（阪南大学名誉教授・
関西勤労協会長）には、その著作に多くを学ばせていただく
とともに、原稿の仕上げにさいして、全体にわたって貴重な
助言をいただきました。お力添えいただいたみなさんに、厚
くお礼申しあげます。


　２０１９年１月

　　　　　　　　　　　　　　　　　　　　　　　　　槇野理啓

【著者略歴】

槇野　理啓　（まきの　みちひろ）

1951年生まれ

1974年京都大学農学部卒業

大阪府立高等学校に理科教員として３５年間勤める

現在、関西勤労者教育協会　副会長

　　　大阪労連・大阪市地区協議会　副議長

　　　大阪労連・大阪市東南労連　副議長

　　　地域労組とうなん　執行委員長

『ものの見方・考え方、そして変え方』

発行　2019年3月1日　初　版　　　　　　　　　　　　定価はカバーに表示

著　者　槇野　理啓

発　行　関西勤労者教育協会
〒540-0003　大阪市中央区森ノ宮中央 1-14-17
ICB 森ノ宮ビル 402 号
TEL 06(6943)1451　FAX 06(6942)3923

発行所　学習の友社
〒113-0034　東京都文京区湯島 2-4-4
TEL 03(5842)5641　FAX 03(5842)5645
郵便振替　00100-6-179157

印刷所　（株）教文堂

落丁・乱丁がありましたらお取り替えいたします。
本書の全部または一部を無断で複製、複写（コピー）またはデジタル化して配布することは、著作権法上の
例外を除き著作者および出版者の権利侵害になります。発行者あてに事前に承諾をお求めください。

ISBN 978-4-7617-1446-8 C0036
© MAKINO Michihiro 2019